はじめに

令和2(2020)年４月より，新小学校学習指導要領が全面実施になりました。それに伴い，中学年で外国語活動，高学年で外国語科の指導が始まっています。平成30～令和元（2018，19）年度の移行期間には，全小学校の中学年及び高学年において，外国語活動の授業を実施し，全面実施に備えていただきました。とはいえ，授業時数は中学年では15～35単位時間，高学年では50～70単位時間であり，高学年は，多くの学校が文部科学省が作成し配布した教材例「新学習指導要領対応 小学校外国語教材 We Can!」を活用して外国語科の指導を踏まえた外国語活動の授業を展開し，文章記述による評価が行われていました。全面実施に伴い，中学年35単位時間，高学年70単位時間，高学年は教科として教科書を主たる教材として授業を展開するとともに，数値による評価が行われるようになりました。このようなことから，小学校の外国語教育における学習評価や，特に外国語科の指導の在り方については，先生方に十分ご理解いただける具体事例や解説が必要だと考えました。

そこで，この度，文溪堂の編集のもと，本書を発行することにいたしました。本書では，実際に外国語活動や外国語科の指導に当たっておられる坂田美佳教諭（鳴門市板東小学校），加藤真由美教諭（前仙台市立富沢小学校，現仙台市立荒井小学校）にその実践とともに，実際の学習評価についてご執筆をいただいています。また，佐藤智則前校長先生（前仙台市立富沢小学校），福田優子校長先生（佐伯市立上堅田小学校）には，学校としての取組の進め方，言語活動の在り方や小中連携等についての具体をご執筆いただいています。さらに，佐藤美智子准教授（鳴門教育大学）には，学習評価の理論と具体について解説をいただいています。本書が，皆様の指導のお役に立つことを切に願っています。

また，文部科学省では，様々な研修を通してだけでなく，公式YouTubeチャンネル（MEXT channel）においても，ALTとのティーム・ティーチングによる授業も含めて，授業解説動画や，「なるほど！ 小学校外国語」シリーズで，「言語活動」「読むこと　書くこと」「学習評価」「教材の活用」についての解説動画を公表しているところです。ぜひ，本書と合わせてご視聴いただき指導等の参考にしていただければと思います。

最後に，本書発行に当たり，編集等で文溪堂　磯部由美子氏に大変お世話になりました。感謝申し上げます。

令和３年３月

文部科学省初等中等教育局視学官　直山木綿子

巻頭対談

松川禮子×直山木綿子

外国語教育の「これまで」と「これから」

松川禮子
岐阜女子大学学長

直山木綿子
文部科学省初等中等教育局　視学官
国立教育政策研究所教育課程研究センター研究開発部教育課程調査官・学力調査官

小学校学習指導要領に外国語教育に関わる文言が初めて登場したのは平成10年（平成14年度全面実施）。その後，平成21年改訂（平成23年度全面実施）で高学年に外国語活動が設置され，平成29年の改訂で中学年に外国語活動，高学年に外国語科が新設となり，令和2年度の全面実施で，外国語教育はまた新しい局面を迎えました。

小学校の外国語教育を黎明期から牽引されてきた松川禮子先生と，10年以上にわたり文部科学行政の立場から携わってこられた直山木綿子先生が，この20年を振り返り，これからの外国語教育について語り合いました。

年	出来事
昭和61（1986）年	臨時教育審議会「教育改革に関する第二次答申」（英語教育の開始時期の検討提言）
平成4（1992）年	研究開発学校の指定（国際理解教育としての英語教育の実験的導入）
平成10（1998）年	学習指導要領の改訂（「総合的な学習の時間」の創設。取り組み例に「英語活動」提示）
平成14（2002年）	平成10年改訂学習指導要領全面実施
平成20（2008）年	中央教育審議会答申（外国語活動の新設を答申） 小学校学習指導要領改訂（第5，6学年「外国語活動」の創設） 「英語ノート」配布開始
平成21（2009）年	「英語ノート」配布中止の決定（復活）
平成23（2011）年	平成20年改訂小学校学習指導要領全面実施
平成24（2012）年	「Hi, friends!」配布開始
平成25（2013）年	文部科学省「グローバル化に対応した英語教育改革実施計画」公表（計画案に小学校中学年で週1，2時間の活動型での実施，高学年で週3時間程度の教科型での実施）
平成26（2014）年	中央教育審議会教育課程企画特別部会「論点整理」 中央教育審議会「初等中等教育における教育課程の基準等の在り方について」諮問（小学校中学年で活動型，高学年で教科型での実施）
平成27（2015）年	研究開発学校等に「Hi, friends! Plus」，「Hi, friends! Story Books」配布
平成28（2016）年	中央教育審議会「幼稚園，小学校，中学校，高等学校及び特別支援学校の学習指導要領等の改善及び必要な方策等について（答申）」取りまとめ
平成29（2017）年	学習指導要領告示（中学年に外国語活動，高学年の各教科に外国語科を創設）
平成30（2018）年	「Let's Try!」，「We Can!」配布開始
平成31・令和元（2019）年	教育課程部会「児童生徒の学習評価の在り方について（報告）」取りまとめ 国立教育政策研究所「『指導と評価の一体化』のための学習評価に関する参考資料」公表
令和2（2020）年	平成29年改訂学習指導要領全面実施

小学校外国語教育の新しい局面

直山　令和2年度から平成29年改訂小学校学習指導要領が全面実施となり，全国の小学校で，中学年外国語活動，高学年外国語科の授業が始まりました。松川先生は1990年代から20年以上にわたり小学校外国語教育を牽引してこられて，この幕開きをどのように受け止められましたか。

松川　私は一昨年（平成30年）に11年間務めた教育長の職を辞して大学に戻り，昨年度，今年度と2年連続で小学校教員を目指す1年生の授業を受け持っているのですが，学生たちから小学校時代の英語学習について話を聞いていて，興味深いことが分かりました。それは，この2年間で学生の小学校外国語教育の印象が大きく違っていることです。

昨年の1年生は「カードで遊んだ」「英語の歌を歌った」のようなコメントが多くて，何を学んだのか，どのような学習をしたのかをあまりはっきりとは覚えていない傾向が見られました。ところが，今年の1年生は「『Hi, friends!』という教材を使って，Tシャツを選ぶ活動で色や形を勉強した」「英語で道案内をする単元があった」「桃太郎の英語劇をやって楽しかった」というように，学習したことを具体的に語るんです。

今年の1年生の多くは平成13（2001）年生まれで，ちょうど文部科学省が「Hi, friends!」を発行した年（平成24年）の小学5年生に当たります。「Hi, friends!」できっちり2年間の外国語活動を経験した最初の子供たちです。令和2年にその子供たちが大学生になり，小学校の先生を目指して英語指導を学んでいるのだ，と感慨深く思いました。ああ，外国語教育の担い手に新しい世代が現れたなと感じています。

直山　今の大学生が「Hi, friends!」を使って学習したことを覚えているなんて，しかも，その学習を「楽しかった」という気持ちを伴って記憶しているなんて，うれしいですね。小学校の先生が，子供たちに外国語学習の楽しさや喜びを感じられるように工夫して指導された成果だと思います。

小学校の先生が創り上げた新しい外国語学習

直山　この「Hi, friends!」の配布が開始される3年前の平成21年，前学習指導要領の先行実施の初年度に私は教科調査官に着任しました。その時点では，文部科学省は小学校で初めての外国語教育を担う先生方の負担を軽減するため，希望する学校に「英語ノート」を無償で配布していました。それが，その年の秋に事業仕分けによって突然廃止に追い込まれてしまった。新しいことが始まるときには反対や批判はつきものですが，当時は世間からの小学校外国語教育への風当たりはとても強かったのですね。そんな中，全国の先生方が「教材は必要だ」と声を上げ，新たに開発したのが「Hi, friends!」でした。

このとき，私は「英語ノート」に対して先生方からいただいていたご意見やご要望を反映させ，思い切って英語を使ったゲームを減らし，言語活動を増やして配列の入れ替えを行いました。言語材料を精選して題材を子供の生活や行事や学校生活に合わせて変更し，学習内容に順序性をもたせたんです。

松川　「英語ノート」は，研究開発学校や総合的な学習の時間の中で行われていた英語活動などでの先進的な取り組みの実践を集めて作ったもので，単発的，イベント的で活動ゲーム的な内容が多かったですね。当時は小学校の子供たちが楽しみながら英語を学習するにはどうしたらよいかと試行錯誤している最中でした。でも，その頃から直山さんは京都市総合教育センターで小学校英語のカリキュラム作りに取り組んでいました。「Hi, friends!」が学習の系統性を踏まえて作成されたのは必然的だと思います。

直山　実現したのは，先生方から，単発に終わらせない，子供たちの力の育成につながる学習を求めるご意見があったからこそです。そして，改良した教材を先生方がその意図を理解して授業実践に取り組んでくださいました。先ほど学生さんが「Hi, friends !」で学習したことを今でも覚えているというお話を聞いて，あの時切り替えたことは間違いではなかったと思うことができました。

松川　これまで文部科学省が作成した「英語ノート」「Hi, friends!」それから「Let's Try!」と「We Can!」を改めて発行順に見てみますと，徐々に学習の系統性が強化されているのが分かります。言語活動を軸に置いて，扱う言語材料を系統的に配列し，次の学習に円滑につないでいく展開が形作られていっています。小学校での外国語教育が始まった頃は，中学校から指導内容を下ろしてくるという考え方が一般的でしたけれど，長期的な見通しの下で小学校から積み上げていく新しい外国語教育が創り上げられてきたことが，教材の変遷から見て取れます。

これは，直山さんをはじめ文部科学省が実践経験のなかった現場の先生方を鼓舞し，子供たちに力が付いて，なおかつ実践的で現実的な指導方法を，一緒に議論しながら作ってきた，まさにその成果だと思います。

本来，カリキュラムは「子供ありき」

直山　その言葉を聞いて，先生方のご努力が報われた，とうれしく思います。文部科学省で小学校における英語教育の可能性について検討され始めたとき，当時は「英語より日本語を」という社会風潮が高まっている中で，松川先生が中央教育審議会教育課程部会（外国語専門部会／平成18年）の席上で「小学校で英語を使ってコミュニケーションを体験することは，子供たちがこれからの社会を生きる上で大切なことだ」と述べられ，一転して導入の機運が高まったと聞いています。私は行政の立場でその具現化に関わってきたのですが，振り返ってみると平坦な道のりではありませんでした。外国語活動の導入直後に教材の廃止，やっと新教材が実現したところで，これで安泰だと思う間も無く，中学年外国語活動，高学年外国語科の導入についての検討が始まりましたから。でも，私がそう感じているということは，小学校の先生はもっと不安だったし，計り知れないほどのご苦労，ご努力があっただろうと思います。

松川　小学校の先生にしてみたら，外国語教育は突然降りかかってきた課題だろうと思います。

直山　だから文部科学省は導入に当たって「英語ノート」を作り，一定の授業ができるように手立てを講じたわけです。それを見て小学校の先生は「なぜこの時期にこの指導を行うのか」「どうしたら子供たちを学習に取り組ませることができるのか」と考え，深い児童理解に基づいた指導方法を確立してこられました。「Hi, friends!」や「Let's Try!」「We Can!」は，いずれも現場の先生たちの「子供たちに力を付けたい」「子供たちの学習意欲を引き出したい」という思いや願いからつくられた教材です。だから，子供たちの興味・関心を中心に据えたカリキュラムになっています。

本来，カリキュラムや教材は「子供ありき」であるべきです。でも，これまでは学習指導要領に沿ったカリキュラムや教材を作る作業は教科書会社が担っていて，先生方の出る幕はあまりなかったと言えるのではないでしょうか。先生が「なぜこの順番に教えるのか」「なぜこの単元でこの言語材料を扱うのか」と考える必要はなかったんです。それが，小学校に外国語教育が導入されたことで，子供中心の，あるべき教育の原点に立ち戻ることができたのではないかと思います。

児童理解を踏まえて教科書をおもしろくする

松川　自分たちの取り組みが英語教育全体に良い変化をもたらしたのだと，小学校の先生はもっと自信をもってほしいですね。また，小学校の先生方がご自身でなし得てきたことを再確認することは，今こそ大切なことだと思います。

今年度から小学校で使われている教科書を見たのですが，非常に配慮が行き届いていて，書いてあることを順番に指導していくだけでいいように作られています。その上，デジタル教材まであって至れり尽くせりです。私の教えている学生がいみじくも「教科書があれば先生はいらないのでは?」と言ったのですが，そのくらい親切で，よくできていると思います。

直山　全部使いこなそうと思うと大変なくらい充実した内容です。音声や映像も豊富ですし，QRコードを使ってそれらを手軽に視聴できるようにもなっています。教科書会社各社が丁寧な教科書づくりを

文部科学省発行の小学校外国語教育用の教材

「英語ノート1、2」
平成20（2008）～23（2011）年　第5、6学年用　外国語活動用教材

「Hi, friends! 1、2」
平成24（2012）～29（2017）年　第5、6学年用　外国語活動用教材

してくださったと思います。

松川　それだけに，「教科書ありき」の，ある意味で「つまらない」授業になってしまうことを危惧します。先生方はこれまで，目の前にいる子供たちに合った言語活動を設定して授業に取り組んでこられました。そこが学習指導要領の目指す外国語教育の特長であり，そこに教師の楽しみもあると思うんです。教科書は主たる教材ですが，その通りに指導しなければならないわけでも，他の活動を取り入れてはいけないわけでもありません。これまでと同じように，教材を子供たちにとっておもしろいもの，魅力的なものに積極的に作り変えていっていただきたいですね。

直山　「子供ありき」に立ち返り，教科書を目の前の子供たちに合わせてアレンジすることが大切だということですね。私もそこにこそ，教師の腕の見せ所があると思います。

松川　まだ外国語科は始まったばかりですから，時間が必要かもしれませんが。

課題は「校種間の壁」

松川　ところで，この度の対談に備えて，以前行った，現場の先生方を交えた座談会のまとめを読み返してきたんです。(『外国語活動の授業づくり』平成 24 年，小社発行）小学校の高学年で外国語活動が必修になった翌年に行われたこの座談会では，課題として「教師の指導力」と「小中連携」の二つが掲げられていました。前者については，時間がその解決に寄与しているのではないかと思います。当時は多くの先生が小学校で外国語を指導した経験がなく，ご自身も小学校時代に外国語を学習した経験もないという状況でした。でも，先生方が長い時間を掛けて実践を積み重ね，指導力を身に付けて，言語活動を軸とした指導方法を確立し，広めてきました。その間，冒頭で申し上げましたように，小学校で外国語学習を経験した子供たちが間もなく教師になろうとしています。

学生たちに小学校に英語が導入されるまでの経緯を話すと，「小学校で英語を学習するのは当たり前だと思っていた」「要不要の議論があったなんて考えてもみなかった」という反応が返ってきます。今年度から使われている教科書に対する関心のもち方から，小学校での外国語教育を特別なものではなく，国語や算数のような他教科等と同じような感覚で捉えていることがうかがえます。みんな外国語の指導に意欲的です。小学校への外国語教育の導入を巡っては激しい議論が交わされてきて，その中には小学校の先生方からの「自分が英語を指導することになるなんて想定していなかった」などの戸惑いの声も含まれていたことを思い返すと，随分と時間は掛かりましたが，状況は上向いてきていると感じます。

一方の小中連携はいかがでしょうか。あまり進んでいないように感じます。

直山　残念ながらあまり改善はされていません。令和元年 12 月に文部科学省が行った「英語教育実施状況調査」では，小中連携に取り組んだと回答した中学校が 8 割どまりだったことが分かりました。学習指導要領の移行期間中だったにもかかわらず，です。小中連携でどのような取り組みをしているのかという質問では，授業参観や年間指導計画の交流な

「新学習指導要領対応　小学校外国語教材　We Can! 1、2」
平成 30（2018）・31（2019）年　第5、6学年用　外国語用教材

「新学習指導要領対応　小学校外国語活動教材　Let's Try! 1、2」
平成 30（2018）年～　第3、4学年用　外国語活動用教材

どの情報交換が約74%，授業参観後に合同で研究協議会を開催したり，小学校の先生が中学校で，中学校の先生が小学校で指導を行う乗り入れ授業を実施したりする交流が約56%。小中連携でのカリキュラム作成は18%にも達しませんでした。さらに，高等学校を対象に同様の質問紙調査を行った結果になると，中学校と連携を図っていると答えた校長先生は30%以下でした。

松川　確か平成24年度の調査では小中連携に取り組んだ中学校は7割くらいでしたよね。取り組み内容の実施状況も令和元年の調査とほとんど同じ。数字的には少しは増えましたけれど，依然として改善されたとは言えませんね。

また学生の話になりますが，小学校で英語を楽しみながら学習したことを覚えている彼女たちが「小学校の学習が中学校に円滑に結び付いていなかった」，「小学校の時は英語が楽しかったけれど，中学校，高等学校へと進んでいくにつれて，だんだん嫌いになった」と言っているんです。外国語活動を経験してきた学生が，小学校の学習が中学校以降の学習とうまく結び付いていなかったという認識をもっていること，そのことが結果として英語への苦手意識につながっていることが分かり，小中連携の課題が子供たちの学習に与える影響を切実に感じています。

言語活動を通して外国語活動と外国語科の連携を

松川　小中連携がなかなか進まないことには様々な理由があると思いますが，その一つに校種による文化の違いが考えられます。小学校では基本的に学級担任が全教科等を指導しています。先生方は児童をより深く理解していて，それが外国語教育での指導計画や言語活動の工夫，授業中の声掛け一つにも生かされています。中学校，高等学校では各教科を教科指導の専門性をもった教師が指導し，教科書に頼る傾向が強くなります。

こうした制度の違いから生まれる障壁は，小学校高学年に外国語科が導入されることによってようやく取り除かれていくのではないかと期待しています。今まで中学校の先生は「小学校の外国語活動と中学校の外国語科は別物」と捉えていたかもしれませんが，今度は教科同士，連続性を意識することになるでしょうから。

直山　新しい学習指導要領では，小学校から高等学校まで一貫して外国語によるコミュニケーション能力の育成を目標に設定し，その達成のため，全ての学校段階で言語活動を重視しています。学習指導要領改訂の方向性を検討していた外国語ワーキンググループ（中央教育審議会初等中等教育課程部会外国語ワーキンググループ，平成28年）の中で，松川先生は中学校，高等学校の課題を踏まえて，コミュニケーションを行う目的や場面，状況などが設定された中で外国語を使う学習活動こそコミュニケーション能力の育成には大切であり，小・中・高の指導を「言語活動を通して」行うことが大事だと働き掛けておられました。言語活動を軸とするという共通点ができたことで，小・中で連続性，系統性のある指導が実現され，小学校の外国語教育と中学校の外国語教育の溝は埋められていくのではないかと期

小学校・中学校・高等学校の連携に関する状況

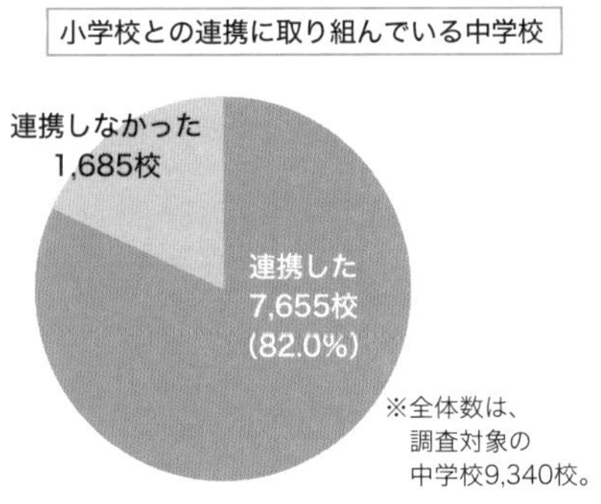

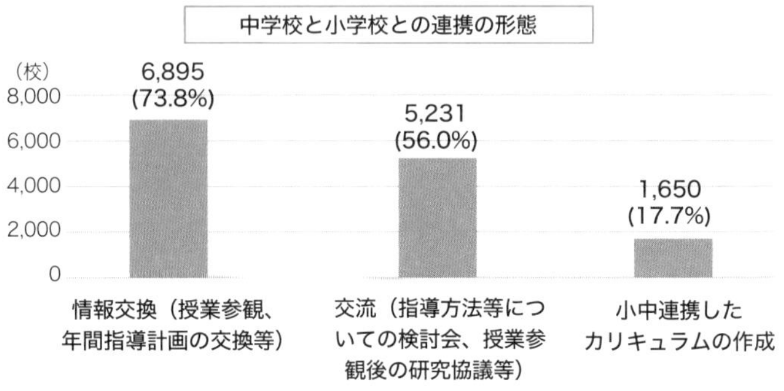

待します。

また，小学校という単独校種において外国語活動と外国語科を実施するようになったことで，両者の接続が図りやすくなりました。それに，小学校３年から６年までの教師が外国語教育に関わるようになるので，学校全体としての取り組みが強化されるでしょう。これまでの外国語活動はどうしても高学年の先生だけに任されがちだったという課題がこれで解消されると思います。

改めて感じるのは，外国語活動と外国語科，小学校，中学校，高等学校などの区別は，制度上，運用上の都合で便宜的に作られているものであって，子供たちの学習そのものは連続しているということです。その連続性を大人の都合で損なうことがあってはならないと強く思います。

外国語教育全体の目標達成の鍵は「中学校」

直山　外国語教育に関しては，小学校に導入される前から中学と高等学校で行われていたのですが，奇妙なことに「中高連携」についてはあまり注目されてきませんでした。高等学校は小・中学校と設置者が異なりますし，学区も広い。それに，単位制，総合学科，普通科，専門学科など様々な種類の学校があるため，連携が図りにくいという事情はあるでしょう。私はもともと中学校の英語教師ですが，経験上，あまり高等学校との連携を求められていたようには感じませんでした。

松川　そうですね，あまり言及されたことはなかったかもしれません。

直山　ところが，小学校に外国語教育が導入された途端，「小中連携」の重要性がうたわれ出しました。当初，中学校の英語の先生たちは小学校外国語活動は学習とは程遠いものだという印象をおもちで，「専門性をもたない小学校教師が教えるなんて」「子供たちに誤った発音が身に付いてしまうのでは」といったご批判の声が相当ありました。当時の「小中連携」は，中学校に小学校の学習とのつながりについての理解を求める意味合いが強かったと思います。

それが，小学校で２年間の外国語活動を経験してきた子供たちが中学校に進学するようになった導入３年目頃から変わっていきました。中学校の英語の先生から「中学入学時にすでに英語が嫌いになっている子供もいるけれど，英単語をよく知っているし，英語のリズムが身に付いている」「初出の英語が含まれた話でも最後まで聞くことができる」などの感想が聞こえ出し，小学校の外国語活動を肯定的に受け止める先生が多くなってきました。先ほど示したデータでは，残念ながら小中連携の実施状況は８割に止まっていますが，子供たちが小学校で活用した教材を中学校の指導に生かす取り組みなども増えてきているんです。

中学校の外国語教育では，学習指導要領に基づいて，英語力向上の目標の成果指数を「卒業段階で英検３級程度，CEFR-A1レベルに達成した生徒数の割合を50%にする」と設定しています。残念なことに，この目標はなかなか実現に至ってはいないというのが実情です。「英語教育実施状況調査」において，都道府県・政令指定都市別にA1相当以上の割合と小中連携の実施状況をクロス集計したところ，小中

小・中学校との連携に取り組んでいる高等学校

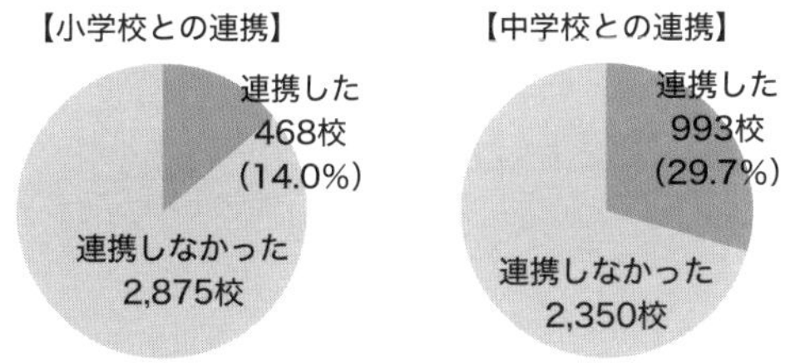

※全体数は、調査対象の高等学校3,343校。

生徒の英語力向上に向けた分析

例）中学生の英語力と小・中連携

生徒A1相当以上の割合(都道府県・指定都市別)【縦】×小中連携実施状況【横】

※( )内の数字は都道府県・指定都市数

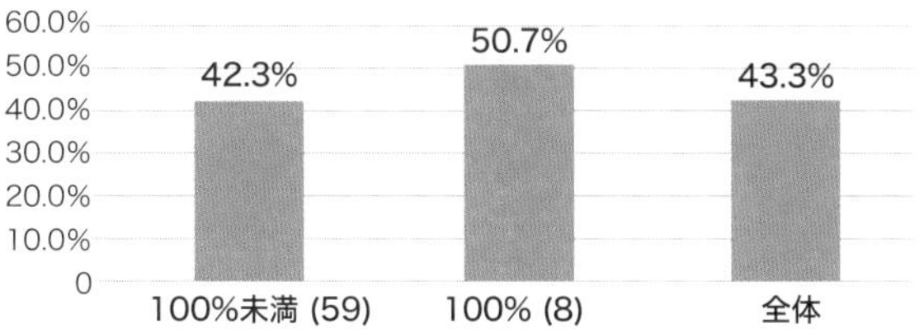

出典：文部科学省「英語教育実施状況調査」（令和元年度）

連携に取り組んでいる地域ほど生徒の英語力に関する指標が高い傾向が見られることが分かりました。どうやら小中連携が英語の学力を向上させる効果があると考えられるわけです。ですから，もっと小中連携を積極的に推進していただきたいですし，中高連携ももっと進めば，高等学校の生徒の英語力が向上するのではないかと期待しています。英語力の向上といえばすなわち「小学校における外国語教育の充実」と考えられがちですが，日本の英語教育の鍵は中学校にあるのではないでしょうか。中学校が小・中・高の英語教育をつなぐ要だと思います。

「読むこと」「書くこと」に関する小・中学校間のギャップを埋める

松川　校種間の連携については，とりわけ中学校の「読むこと」「書くこと」の指導が重要だと考えています。新しい学習指導要領で，小学校の中学年に英語の文字との出合い，高学年に「読むこと」「書くこと」が加わり，小学校の４年間を掛けて，英語のアルファベットの文字体系に音声から十分に慣れ親しませるとともに，単語や文を読んだり書いたりする指導が非常に丁寧に行われることになりました。そのことを中学校の先生が十分に理解されているかが気掛かりです。小学校卒業段階の達成目標を知っておかないと，これまでの中学校での指導を前提に，「読むこと」「書くこと」の初期段階の指導は終わっているという認識で中学校の指導を始められてしまったら大変です。中学校の学習に適応できない子供が出てきてしまう恐れがあります。小学校での学習の積み上げの上に中学校の学習が展開されるように，中学校でどのようにスタートを切るのか，出だしはとても重要だと思います。

それに，中学校の「読むこと」「書くこと」のレベルは非常に高いですよね。

直山　高いです。小学校とのギャップはとても大きいですね。

松川　その大きなギャップをどのように埋めていくのか，が課題だと思います。

直山　確かにそうですね。小学校に外国語活動が導入される前は，中学校入学と同時に一気にアルファベット文字の学習と４技能の学習をスタートさせていました。このことが文字の読み書きでのつまずきの原因になって，英語への苦手意識につながってしまうことがありました。小学校から文字の学習と「読むこと」「書くこと」の指導を始めることで，この課題が解消されることが期待されています。

松川　初期段階の読み書きの指導を時間を掛けて丁寧に行うことができるのは，小学校に外国語科が導入されることの最大のメリットの一つだと思います。

直山　では，中学校でその後を引き受けて，どのように読み書きを指導していくべきなのか。小学校の外国語科の学習によって，音声で慣れ親しんできた語句や表現を「書き写すことができる」「例文を参考に書くことができる」ようになった子供たちを，自分で文を産出して書くことができるようにするまでの道筋を，これから中学校の先生方と考えていかなければなりませんね。

平成31（令和元）年度の「全国学力・学習状況調査」で，初めて中学校の英語調査が実施されたの

小学校・中学校「書くこと」の目標

小学校	中学校
ア 大文字，小文字を活字体で書くことができるようにする。また，語順を意識しながら音声で十分に慣れ親しんだ簡単な語句や基本的な表現を書き写すことができるようにする。 イ 自分のことや身近で簡単な事柄について，例文を参考に，音声で十分に慣れ親しんだ簡単な語句や基本的な表現を用いて書くことができるようにする。	ア 関心のある事柄について，簡単な語句や文を用いて正確に書くことができるようにする。 イ 日常的な話題について，事実や自分の考え，気持ちなどを整理し，簡単な語句や文を用いてまとまりのある文章を書くことができるようにする。 ウ 社会的な話題に関して聞いたり読んだりしたことについて，考えたことや感じたこと，その理由などを，簡単な語句や文を用いて書くことができるようにする。

ですが，そこで「書くこと」に関して，語や文法事項等を正しく用いて文を書くことに課題があることが分かりました。全体の約50%の生徒が25語以上の文章を書くことができていることから，書こうとする意欲はあることは確認できます。でも，正確性が欠けていた。子供たちの「伝えたい」意欲を大切にして指導を行っていて，自分の思いや考えをもつことについては，一定の指導の成果が認められました。でも，実際のコミュニケーションでは正確性が伴わなければいけません。学習したことの理解や定着を促す「書くこと」の指導を充実させる必要があるでしょう。

松川　外国語教育の目指すところが，まさに自分の伝えたいことを正しい英語で産出できるようになることです。それには言語活動を軸として，自分の考えをまとめ，適切に書いて表現することに慣れ親しむよう指導することの積み重ねしかないのではないでしょうか。

小学校の学習と，中学校での週4時間の学習が積み上がっていけば，中学校卒業時の子供たちのレベルは上がると思います。

外国語を通して世界へと視野を広げる

直山　小学校に外国語教育が導入された背景の一つに，社会的な要請がありました。現在，社会全体が大きく変わろうとしている中で，小学校で外国語を教えること，外国語を学ぶことにはどのような意義があるのでしょうか。

松川　今は国境を越えた人や物の交流が困難になって，グローバル化の流れには逆風が吹いていることを感じます。でも，10年後，数十年後という中長期的な視点に立てば，やはり「世界は一つである」という考えを育てることは重要だと思います。その意味で，私は小学校から英語という外国語によるコミュニケーションを学ぶことの意味は大きいと思っています。外国語でコミュニケーションができるようになることも，自分と世界とのつながりを意識できるようになることも，そう簡単ではありませんから。

英語という外国語を用いたコミュニケーションを学ぶことで身に付く力はスキルだけではありません。外国語の教科書には英語を話す様々な国の人々が登場するなど，子供たちが世界に興味・関心をもてるような内容が随所で扱われています。学習しているうちに，子供たちの目は日本の外に自然と向いていくでしょう。

英語という言葉を学ぶことは，異なる文化に接するということです。例えば，「Let's Try! 1」でも扱われているように，日本では虹の色は7色と言いますが，世界では必ずしもそうではありません。こうした違いを知ることは，グローバルな視点を獲得するためのきっかけになります。小学校の先生が担っているのは，子供たちを母語ではないもう一つの言語に出合わせることを通して，子供たちが世界と向き合っていくための土台を作ることだと思います。

直山　小学校外国語教育は，子供たちがこれからの社会を生きる上で必要な資質・能力を育てる大切な役割があるということですね。

松川　子供たちが初めて外国語を通してそのようなことを学んで身に付けていくスタートを，小学校の先生方が担っているのです。先生方にはそういう大切な仕事に携わっているという誇りをもって，ご自身の視野も広げながら外国語教育に取り組んでいただけたらうれしいですね。

直山　小学校教育に携わるようになって痛感したのが，学習の入り口で「やってよかった」「楽しかった」「面白かった」という体験をすることがいかに大切なことかということです。そのために子供の視点に立つことの大切さを小学校の先生方から教えられたことを思い出しました。松川先生のお話を伺っている中で，これからは，そのことを反対に小学校の先生方にお伝えしていく必要があると感じています。

また，小学校のみならず中学校，高等学校までを含めた外国語教育の充実のために，まだやらなければならないことがたくさんあると改めて気付かせていただきました。ありがとうございました。

（2020年8月7日 オンラインで実施）

もくじ

記号一覧

●本書において，英語の読みを便宜的に片仮名で表記している箇所があります。実際の発音とは異なりますのでご留意ください。

●本書において，特に断りのない限りは次の文言や記号は本表に示した内容を指しています。

- **学習指導要領**……「小学校学習指導要領」
- **解説**……「小学校学習指導要領解説　外国語活動・外国語編」
- **「学習評価の参考資料」**……「『指導と評価の一体化』のための学習評価に関する参考資料」（国立教育政策研究所，2020年）
- **「Let's Try!」**……「新学習指導要領対応　小学校外国語活動教材 Let's Try!」（文部科学省）
- **「We Can!」**……「新学習指導要領対応　小学校外国語教材 We Can!」（文部科学省）
- **【L】**……「Let's Try!」「We Can!」の【Let's Listen】
- **【C】**……「Let's Try!」「We Can!」の【Let's Chant】
- **【S】**……「Let's Try!」「We Can!」の【Let's Sing】
- **【P】**……「Let's Try!」「We Can!」の【Let's Play】
- **【A】**……「Let's Try!」「We Can!」の【Activity】
- **【W&T】**……「Let's Try!」「We Can!」の【Let's Watch and Think】
- **[　]**……外国語教育で行われる活動の名称

 ……聞くこと

 ……読むこと

 ……話すこと[やり取り]

 ……話すこと[発表]

 ……書くこと

- **「知・技」**……観点「知識・技能」
- **「思・判・表」**……観点「思考・判断・表現」
- **「態」**……観点「主体的に学習に取り組む態度」

 ……指導体制

 ……「Let's Try!」または「We Can!」の児童書を使用する場面

 ……「Let's Try!」または「We Can!」のデジタル教材を使用する場面

第 1 章

外国語活動・外国語科のポイント総まとめ

01 平成29年改訂学習指導要領における外国語活動・外国語科のポイント

まんが　資質・能力の育成は「言語活動を通して」

もう一度目標を
確認しましょう。
「言語活動」と
ありますね。
新山先生，「言語活動」とは
何か分かりますか？
えーっと…
外国語活動，外国語科においては
「実際に英語を使用して
互いの考えや気持ちを伝え合う活動」
ですね。
考え・気持ち
伝え合う
考え・気持ち
「実際に」……。そうか。
実際にありそうな
目的や場面，状況など
を設定する
必要があるんですね。
ラーん
でも，どう
設定を
すれば……。
ここは外国じゃないしなあ…
外国人の先生も毎時間は来てくださらないし…
ここで大切なのは，
児童の実態把握を
生かすことです。
例えば，アルファベットの
大文字について
学習する単元では，
（3年「Let's Try! 1」Unit 6）
遠足で動物園に
行った経験を踏まえ，
興味をもった動物を
伝えるために，カルタを
利用し，その動物の
つづりに使われる
文字を集めるという
言語活動は
どうでしょう？
ワニ
Alligator
は虫類
分布
・アメリカ合衆国
・中華人民共和国
カードの交換の際に
必要なコミュニケーション
ツールとして，
英語を使って
やり取りするのです。
身近な体験
《言語活動を
単元のゴールにする》
Do you have
an L or a T ?
L と T がほしいね
文字を見る
B がほしいね
Yes, I do.
知識を使う
他のグループにもらおう！
本物の体験
伝え合う
思考が働く
Do you have a B ?
日常生活の様子や
各教科等の学習内容から，
児童の興味・関心に
合わせて題材を選び，
考えや気持ちを
伝え合うように
工夫することが大切です。
なるほど！
本物の伝え合いだから，
本物の言葉が
身に付くのですね！
OK！
中学年外国語活動，
高学年外国語科は，
言語活動を通して
指導することは共通だけれど，
目標は違うので，
そこは確認しましょうね！
えいっ
わわっ
5・6年
3・4年

01
解説

平成29年改訂学習指導要領により，小学校では外国語教育が「中学年で活動型」「高学年で教科型」で実施されることになりました。早期化，教科化によって，小学校から高等学校まで系統性，連続性のある外国語教育の実現が期待されています。小学校では，これまでの外国語活動の成果に基づき，「本物」のコミュニケーションを体験する「言語活動」を通した資質・能力の育成が求められています。

1 小学校外国語教育の早期化，教科化の背景

今般改訂された学習指導要領では，**小学校第3，4学年に「外国語活動」（年間35単位時間），第5，6学年に教科「外国語」（年間70単位時間）**が導入されました。平成20年（全面実施は平成23年）に第5，6学年に「外国語活動」が新設され，現在の教育法令の下で小学校の教育課程に初めて外国語教育が位置付けられてから，わずか10年足らずでこのような拡充が行われるに至ったのには，次の二つの理由が挙げられます。

一つは，社会の情報化，グローバル化が急速に進展し，**英語という，世界で最も広い範囲で通用する言語でコミュニケーションを図る能力の重要性が増している**ことです。児童が社会の第一線で活躍する未来には，一部の業種や職種に限らず，生活の様々な場面で外国の人々との交流が不可欠になっていることが予測されています。英語で伝え合い，異なる言語や文化を背景にもつ人々と対等にコミュニケーションを図る能力の育成が社会的な要請となっています。そこで，より早い段階から外国語教育を開始し，高等学校までの学びの系統性を確保して，指導を充実，強化することになりました。

もう一つには，これまでの小学校外国語教育の成果と課題が関わっています。文部科学省がこれまでに実施した外国語教育に関する様々な調査から**外国語活動で英語を用いてコミュニケーションを図る楽しさを体験したことが，児童生徒の外国語の学習意欲の向上につながっている**ことがわかります。また，多くの中学校英語科教師が，生徒の「話すこと」「聞くこと」の能力が外国語活動導入前より向上していると回答しています。

このような成果が見られた反面，**音声中心の小学校での学習が，中学校での文字を使った学習へ円滑に接続できていない**という指摘があります。そのことが一部「小学校で高められた学習意欲が中学校では維持されていない」という残念な結果を招いているのではないかと推測されています。また，学年が上がるにつれて学習内容に物足りなさを感じる児童が多くなることも分かりました。高学年の児童は，英語への慣れ親しみだけでは満足できず，能力が身に付いた実感や，学習が実生活や実社会に役立つという納得感を強く求めるようになります。旺盛な知的好奇心に応え，より発達の段階に適した学習内容へと改善を図ることが必要です。

そこで，外国語活動を中学年に設定し，音声中心に活動型の指導を通して外国語の学習意欲を高め，高学年では，「読むこと」「書くこと」の技能を加えて学習内容をより充実させ，中学校との接続に配慮し，より系統的な指導を実現するために教科型で指導を行うことにしました。

2 「言語活動を通して」指導する

外国語活動・外国語科は，コミュニケーションを図る素地，または基礎となる資質・能力を**「言語活動を通して」**育成することを目指すことを目標に掲げています。

言語活動の充実は，思考力や表現力を育む観点から全ての教科等において求められています。そのため，外国語教育においても，他教科等で取り入れられている記録，説明，話し合い等の学習活動を行うものと思われるかもしれません。しかし，外国語活動・外国語科における言語活動は，母語ではない英語を用いる学習であるという特質から，もっとシンプルに**「実際に英語を使用して互いの考えや気持ちを伝え合う活動」**としています。

実際に英語を使って考えや気持ちを伝え合うとき，相手がどのような言葉を用いて何を伝えようとしているのか，相手に自分の考えや気持ちを伝えるには，どのような言葉を使って，どのように表現したらいいのか，知識や技能などを活用して思考を働かせることになります。このように「思考力，判断力，表現力等」を働かせながら，同時に英語に関する「知識及び技能」を活用する言語活動を通して，外国語によるコミュニケーションを図る素地または基礎となる資質・能力を育成することが求められているのです。

このような言語活動の実現には，次の条件が満たされている必要があると考えます。

①英語を用いて互いの考えや気持ちを伝え合う目的や場面，状況などが明確に設定されていること。
②児童の興味・関心に合い，友達と関わり合いができる題材が設定されていること。
③児童にとって「簡単な語句」や「基本的な表現」を言語材料としていること。
④学級が，互いのよいところや間違いから学び合える学習集団であること。

過去形の文を例に解説してみましょう。第6学年の秋頃から，児童は卒業アルバムの制作に取り組みます。そこで，その時期に「ALTと共有できる英語の卒業アルバムを作ろう」という場面設定をします（上記①②）。小学校生活の思い出を伝え合うため，言語材料にwent，saw，ate，enjoyed，などの動詞の過去形と学校行事を扱います（③）。授業では，児童はALTや友達に自分の思い出を伝えるという目的に向かって，既習の語句や表現などを交えながら友達や指導者とやり取りをして，過去を表す表現を身に付けていきます。そして，単元末には音声で十分に慣れ親しんだ語句や表現を書き写し，卒業アルバムを完成させます。

卒業アルバムはALTや自分たちの手元に残るため，児童は何を書こうかとじっくり考えるでしょう。また，伝えたいことが相手に伝わるかどうかを確認するために何度も友達とやり取りをしたり，友達の考えを参考にするために真剣に聞いたりもすると考えられます。ALTや友達に読んでもらうために，丁寧に英語を書き写すはずです。自分が書いた作品をとじたアルバムが完成し，ALTや友達に読まれたら，達成感を得ることでしょう。

このようにコミュニケーションを行う目的や場面，状況などを明確にした**「本物」の言語活動**を設定することで，児童は**伝え合う必然性**を感じ，主体的に思考を働かせて言語活動に取り組むようになります。だからこそ，伝わったときには**「本物」の喜び**を得ることができます。外国語学習の初期段階において，**外国語を用いてコミュニケーションを図る楽しさや意義を感じる**ことは，その後の学習につながると思われます。

こうした学習活動の過程では，「間違うこと」を避けて通ることはできません。私たちは母語を「からだ（体）」を「かだら」，「白くない」を「白いくない」のように，言い間違いを繰り返しながら習得してきました。英語学習も同じです。学級が，互いの間違いや分からないことから学び合える「学習集団」であることが大切です（④）。

先述したように，前学習指導要領の下に実施された外国語活動は，短期間に目覚ましい成果を挙げました。前学習指導要領の下では，外国語活動は，児童の日常生活や各教科等の学習を熟知している学級担任が主導で行っていました。多くの学級担任が，深い児童理解を基に，学級経営の力を発揮しながら，他教科等の学習や学校の特色を生かした「本物」の言語活動を展開してきました。上に示した①～④を踏まえた活動を授業の中心に据えてきたことが，このような成果の要因の一つだと，筆者は考えます。**小学校文化に根ざし，児童理解を踏まえた「言語活動を通して」，より豊かな外国語教育**が創造されていくことを期待しています。

02 外国語活動・外国語科の目標

まんが　小学校で素地と基礎を固める

【技能のレベル】

	小学校中学年	小学校高学年	中学校
⑤	聞くこと 話すこと	読むこと 書くこと	――
⑥	――	聞くこと，読むこと 話すこと，書くこと	

	小学校中学年	小学校高学年	中学校
音声	○	○	○
表現	(基本的な)○	○	○
⑦	――	○	――
語彙	――	○	○
文の成り立ち	――	⑧	⑨
言語の働き	――	○	○
＊「知識」補足	日本語との違いに気付く		――
	言語や文化について体験的に理解	これらの知識を理解	

	小学校中学年	小学校高学年	中学校
話題	⑩		⑪
伝え合う内容	自分の考えや気持ちなど		簡単な情報や考えなど
技能	聞くこと，話すこと	聞くこと，⑫ 話すこと，⑬	
コミュニケーションの対象	相手	他者	聞き手，読み手，話し手，書き手

02
解説

平成29年改訂学習指導要領で，中学年に外国語活動，高学年に外国語科が新設されました。外国語活動，外国語科の指導を確実に行うためには，それぞれの目標を的確に捉えることが大切です。中学校の外国語科を加えた３段階の目標を比較し，特徴を捉えていきましょう。

1 外国語によるコミュニケーションにおける見方・考え方

今般改訂された学習指導要領では，情報化，グローバル化などの急激な社会変化の中で，児童生徒に未来を切り拓くための**資質・能力**を確実に育成することを，基本的な考え方に掲げました。その実現に向けて，知識・技能を既習のものと結び付けて社会の中で**生きて働く知識・技能**として習得させるとともに，それらを活用して**思考し，判断し，表現し**たり，どのように**社会や世界と関わるのかを考え**たりすることができる能力を養うため，**「主体的・対話的で深い学び」**の視点で授業の充実・改善を図ることが必要であるとの考えを示しました。そこで，全ての教科等の目標を**「知識及び技能」，「思考力，判断力，表現力等」，「学びに向かう力，人間性等」**の３つの柱で再整理し，指導者には，児童生徒や学校，地域の実態を捉えながら，この３つの柱を総合的に育成することを求めました。また，各教科等において「どのような視点で物事を捉え，どのような考え方で思考していくのか」を，それぞれの特質を踏まえ**「見方・考え方」**として新たに示しました。

育成すべき資質・能力の３つの柱

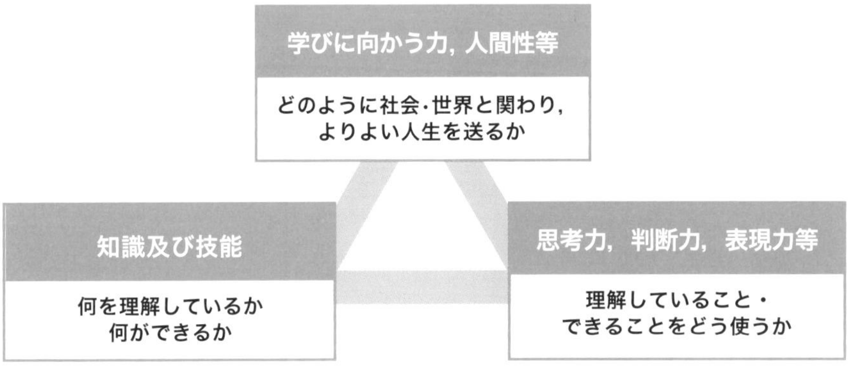

出典：「新しい学習指導要領の考え方」（文部科学省）

外国語によるコミュニケーションにおける見方・考え方

「外国語で表現し伝え合うため，外国語やその背景にある文化を，社会や世界，他者との関わりに着目して捉え，コミュニケーションを行う目的や場面，状況等に応じて，情報を整理しながら考えなどを形成し，再構築すること」であると考えられる。

出典：「小学校学習指導要領（平成29年告示）解説　外国語活動・外国語編」（文部科学省）

2 外国語活動，外国語科の目標

小学校外国語活動，外国語科，中学校外国語科の「目標」の比較

小学校 中学年 外国語活動	外国語によるコミュニケーションにおける見方・考え方を働かせ， 外国語による聞くこと，話すことの 言語活動を通して， コミュニケーションを図る 素地 となる資質・能力を次のとおり育成することを目指す。
小学校 高学年 外国語科	外国語によるコミュニケーションにおける見方・考え方を働かせ， 外国語による聞くこと，読むこと，話すこと，書くことの 言語活動を通して， コミュニケーションを図る 基礎 となる資質・能力を次のとおり育成することを目指す。
中学校 外国語科	外国語によるコミュニケーションにおける見方・考え方を働かせ， 外国語による聞くこと，読むこと，話すこと，書くことの 言語活動を通して， 簡単な情報や考えなどを理解したり表現したり伝え合ったりする コミュニケーションを図る資質・能力を次のとおり育成することを目指す。

先述のように，今般改訂された学習指導要領では，児童生徒が未来の作り手になるために必要な資質・能力を確実に育成することが重視されました。その具体策として，**小学校，中学校の９年間を通して系統性，連続性のある学習指導を展開**することを挙げています。外国語教育では，目標において小学校外国語活動，外国語科と中学校外国語科の「見方・考え方を働かせ」と「コミュニケーションを図る資質・能力を次のとおり育成することを目指す」という共通の文言を使うことで，学習内容の系統性や連続性を確保することを表しています。さらに，育成を目指す資質・能力を「素地」，「基礎」，「資質・能力」そのものの３段階で表し，児童生徒の発達や習熟の段階に合わせて学習内容や学習活動を設定すべきであることを示しています。小学校で指導を進めるに当たっては，外国語活動と外国語科のつながりのみならず，中学校以降の外国語科を見通して指導することが大切です。

前学習指導要領の目標では，小学校外国語活動が「素地」，中学校外国語科が「基礎」を養うこととしていました。そのため，中学校の学習が小学校に前倒しになったような印象を受けるかもしれません。忘れてはならないのは，本章の冒頭に記したように，**小学校外国語教育の早期化・教科化は，これまでの小学校の外国語活動において豊かな言語活動が展開されたことによる成果の上に，小学校で学んだことが中学校の学習に円滑に接続されていないという課題に対応するため**に行われたということです。

前学習指導要領の目標

小学校 外国語活動	外国語を通じて，言語や文化について体験的に理解を深め，積極的にコミュニケーションを図ろうとする態度の育成を図り，外国語の音声や基本的な表現に慣れ親しませながら，コミュニケーション能力の素地を養う。
中学校 外国語科	外国語を通じて，言語や文化に対する理解を深め，積極的にコミュニケーションを図ろうとする態度の育成を図り，聞くこと，話すこと，読むこと，書くことなどのコミュニケーション能力の基礎を養う。

前学習指導要領の下に実施されてきた外国語活動では，外国語を用いた体験的なコミュニケーションである「言語活動」を通して，音声面を中心として体験的に外国語に慣れ親しみ，外国語でコミュニケーションを図る素地を育成してきました。改訂学習指導要領では，その成果を踏まえ，中学年の外国語活動では「聞くこと」，「話すこと」の２技能を扱い，高学年で「読むこと」「書くこと」の２技能を加え，言語活動を通して，コミュニケーションを図る資質・能力を「素地」から「基礎」へと段階的に育成することを目指しています。中学校では，小学校での学習との接続を考慮し，言語活動を通して簡単な情報や考えなどを理解したり表現したり伝え合ったりすることができるレベルに高めていきます。**音声から文字**へ，**慣れ親しみから定着**へ，という方向性を重視し，**言語活動を通して**，スモールステップで丁寧に指導することが求められていることを押さえておくことが大切です。

3 「知識及び技能」「思考力，判断力，表現力等」「学びに向かう力，人間性等」の目標

知識及び技能

小学校外国語活動，外国語科，中学校外国語科の「知識及び技能」に係る目標の比較

小学校 中学年 外国語活動	外国語を通して，言語や文化について体験的に理解を深め， 日本語と外国語との音声の違い等に気付くとともに， 外国語の音声や基本的な表現に慣れ親しむようにする。
小学校 高学年 外国語科	外国語の音声や文字，語彙，表現，文構造，言語の働きなどについて， 日本語と外国語との違いに気付き，これらの知識を理解するとともに， 読むこと，書くことに慣れ親しみ，聞くこと，読むこと，話すこと，書くことによる 実際のコミュニケーションにおいて活用できる基礎的な技能を身に付けるようにする。
中学校 外国語科	外国語の音声や語彙，表現，文法，言語の働きなどを 理解するとともに， これらの知識を，聞くこと，読むこと，話すこと，書くことによる 実際のコミュニケーションにおいて活用できる技能を身に付けるようにする。

今般改訂された学習指導要領では，知識や技能を身に付けるだけに終わらせるのではなく，社会の様々な場面で活用できるようになるまで質的向上を図ることを重視しています。そこで，「知識及び技能」の目標において，「何を理解しているか」とともに「何ができるか」が明示されました。

初めに表の各項の文末を確認しましょう。中学年の外国語活動では「**慣れ親しむ**」こと，高学年，中学校の外国語科では「**技能を身に付ける**」ことが目標に掲げられています。中学年では音声面を中心に体験的に指導する「**活動型**」，高学年以降では知識及び技能の定着を目指し，系統的指導を重視した「**教科型**」で授業を展開することを示しています。また，高学年の「技能」には「基礎的な」と条件が付けられており，中学校の学習に向けた基礎作りを目標としていることが分かります。高学年では「読むこと」「書くこと」に慣れ親しんだ上で，

「聞くこと」「読むこと」「話すこと」「書くこと」の４つの技能を身に付けることとし，中学校の外国語科では慣れ親しみの段階はなく，「聞くこと」「読むこと」「話すこと」「書くこと」の４つの技能をさらに身に付けることとしています。

「何を理解しているか」についても同様です。活動型の外国語活動では，言語や文化についての「**体験的な理解**」と，日本語と外国語の音声の違い等への「**気付き**」を目標に掲げています。このように素地を耕した上で，外国語科では「**理解**」へと段階的に学習を進めることになります。

その外国語科における学習内容が，文の冒頭に並べて示されています。これは，改訂学習指導要領の外国語科の第２の２［知識及び技能］の(1)に示されている事項です。注目すべきは，**小学校外国語科だけが「文字」を扱っている**こと，**小学校外国語科では「文法」ではなく「文構造」の理解を求めている**ことの２点です。

英語と日本語は，言語の性質や特徴が極めて異なる言語です。英語の文字は「名称（読み方）」と「音」をもち，単語は基本的に「音」を組み合わせて読みます。一方，日本語の仮名文字は「音」のみを表します。また，英語は文中の語順を変えると意味が別のものになったり，意味をなさなくなったりしますが，日本語は意味に大きく影響しません。そのうえ，英語は語の並べ方の決まりが日本語と異なります。このような違いが，音声から，正確性がより求められる「読むこと」「書くこと」への接続が円滑に進みにくい要因と考えられます。このことは，小学校外国語活動で音声中心で学習したことが中学校の学習にうまく結び付かないという「これまでの外国語教育の課題」と合致しています。この課題に対応するため，中学年で「文字」と出合い，高学年の２年間を掛けて「文字」「文構造」の学習を丁寧に行うことになりました。

なお，小学校外国語科の「**文構造**」の学習では，英語の基本語順を「主語」「動詞」などの用語を用いて理解することを求めていません。単語カードを操作しながら，英語では主語を表す単語の後ろに動作を表す単語が配置されることに気付いたり，I like (もの)., I don't like (もの).を繰り返し聞いたり言ったりしているうちに，否定を表すときには動作を表す単語の前に“don't”が挿入されることが分かったりするなど，**日本語と異なる英語の語順への気付き**を促していきます。こうして小学校高学年で英語の文構造について初歩的な理解を図り，中学校の「文法」の学習につなげます。

日本語と英語の違い

	日本語	英語
文字	「音」と「名称（読み方）」は同じ。 （例）「つくえ」→「つくえ」と読む。	「音」と「名称（読み方）」が別々にある。 （例）desk →「音」では「デスク」，「読み方」では「ディー，イー，エス，ケイ」と読む。
文	語順を変えても，大抵意味は変わらない。基本の語順は「主語＋目的語＋動詞」。 （例）「あなたは机の上に本を置いた」→「本をあなたは机の上に置いた」「本を置いた，あなたは机の上に」	語順を変えると別の意味になったり，意味をなさなくなったりする。基本の語順は「主語＋動詞＋目的語」。 （例）“You put the book on the desk.”（あなたは机の上に本を置いた。）→“You put the desk on the book.”（あなたは本の上に机を置いた。）

思考力，判断力，表現力等

小学校外国語活動，外国語科，中学校外国語科の「思考力，判断力，表現力等」に係る目標の比較

小学校 中学年 外国語活動	身近で簡単な事柄について， 外国語で聞いたり 話したりして 自分の考えや気持ちなどを伝え合う力の素地を養う。
小学校 高学年 外国語科	コミュニケーションを行う目的や場面，状況などに応じて， 身近で簡単な事柄について， 聞いたり 話したりするとともに，音声で十分に慣れ親しんだ外国語の語彙や基本的な表現を 推測しながら読んだり，語順を意識しながら 書いたりして， 自分の考えや気持ちなどを伝え合うことができる基礎的な力を養う。
中学校 外国語科	コミュニケーションを行う目的や場面，状況などに応じて， 日常的な話題や社会的な話題について， 外国語で簡単な情報や考えなどを理解したり， これらを活用して表現したり伝え合ったりすることができる力を養う。

学習指導要領の改訂に当たっては，**「知識及び技能」の習得と「思考力，判断力，表現力等」の育成をバランスよく進める**ことも重視されています。知識や技能の習得とそれらを活用する能力を個別に養うのではなく，目的に合わせ，新しい知識や技能を既習事項と結び付けて活用しながら習得することを繰り返し，確実に習得できるようにするとともに，思考力，判断力，表現力等を段階的に育成することを求めている，と言い換えることができます。

まず，「知識及び技能」と同じように文末を確認しましょう。外国語活動では「伝え合う力の素地を養う」，高学年，中学校では「伝え合うことができる（基礎的な）力を養う」を目標に掲げ，前者を「活動型」，後者を定着を目指す「教科型」で授業を展開することを示しています。後者では文頭に「コミュニケーションを行う目的や場面，状況などに応じて」が置かれ，思考力，判断力，表現力等を，実生活や実社会の様々な状況に対応できる能力として育成する必要があることを示しています。また，「素地」「基礎」の文言から，発達の段階や学びの連続性を考慮することが求められていることを押さえておくことが大切です。

次に，小学校の中学年，高学年では，共に伝え合う内容を「身近で簡単な事柄」「自分の考えや気持ちなど」としていることに注目してください。児童が知っている身近なことを題材として，中学年で聞いたり話したりする音声中心の学習を行い，高学年外国語科では，音声で十分に慣れ親しんだ語句や表現を読んだり書いたりする学習へと発展させていきます。

音声から文字への学習の円滑な接続を考慮し，高学年の「読むこと」は，音声で十分に慣れ親しんだ語彙や表現について，「文字」の音の知識と結び付けながら発音を「推測して読む」ことを目標としています。また，「書くこと」の目標を，「文構造」の知識を活用し，「語順を意識」しながら書く，言い換えれば，英語の文は「単語を並べて書く」ことを意識し，単語と単語の間を空けて書くこととしています。このように，小学校段階は，身近なことを題材として，中学校での学習に備えて伝え合いに必要な技能の基礎を固める段階に位置付けられ

ているといえます。

学びに向かう力，人間性等

小学校外国語活動，外国語科，中学校外国語科の「学びに向かう力，人間性等」に係る目標の比較

小学校 中学年 外国語活動	外国語を通して，言語やその背景にある文化に対する理解を深め， 相手に配慮しながら， 主体的に外国語を用いてコミュニケーションを図ろうとする態度を養う。
小学校 高学年 外国語科	外国語の背景にある文化に対する理解を深め， 他者に配慮しながら， 主体的に外国語を用いてコミュニケーションを図ろうとする態度を養う。
中学校 外国語科	外国語の背景にある文化に対する理解を深め， 聞き手，読み手，話し手，書き手に配慮しながら， 主体的に外国語を用いてコミュニケーションを図ろうとする態度を養う。

「学びに向かう力，人間性等」とは，「知識及び技能」を習得し，「思考力，判断力，表現力等」を育成する上で必要な資質・能力であるとともに，「知識及び技能」，「思考力，判断力，表現力等」が身に付く過程で養われるもので，**「粘り強く学習する力」や「学習したことを，社会や自分の生き方にどのように生かすかを考える視点」など**を指します。外国語教育では，その特性に合わせ，小学校から高等学校まで一貫して**「言語やその背景にある文化に対する理解」，「主体的に外国語を用いてコミュニケーションを図ろうとする態度」**としています（高等学校では「主体的に」の後に「自律的」が加わる）。「主体的に」という文言が使われているのは，今般改訂された学習指導要領の趣旨を踏まえ，授業中の学習態度の育成や向上だけでなく，「生涯にわたって学び続けることができる力の育成」を重視していることをより明確に示すためです。

そして，発達の段階や学習内容に合わせてコミュニケーションの対象が設定されています。中学年では，目の前にいる友達や指導者等と対面し，聞いたり話したりする学習活動を展開することから，対象は「相手」です。高学年になると，読むこと，書くことの学習が始まって対象が広がり「他者」に代わります。中学校では，4つの技能に関してより高いレベルの指導が求められていることに合わせて，対象を「聞き手，読み手，話し手，書き手」としています。

言語や文化に関しては，中学年の外国語活動のみ「外国語を通して」理解することを求めています。これは，外国語に慣れ親しむことを通して，日本語の言葉の表し方や音声，リズム等の特徴を捉え直したり，言葉の多様性や面白さ，豊かさに気付いたりすることを示しています。

03 言語「英語」の目標

まんが　「読むこと」が「語句や表現の意味が分かる」である理由

○○小学校の例	Unit 1	Unit 2	Unit 3	Unit 4
How are you?	○	○	○	○
What do you like?	○	○		
状態	○	○	○	○
色		○		○

○＝言語材料として扱われる単元

では，高学年から始まる「読む」「書く」も見てみましょう。
小学校外国語科の目標を整理するとこんな感じですね。
読むこと
・文字を見て読み方が分かる。
・音声で慣れ親しんだ語句や表現の意味が分かる。
書くこと
・大文字，小文字を書く。
・音声で慣れ親しんだ語句や表現を，語順を意識して手本を見ながら書く。
A
a
エイ!
Hello
ハロー!
good
大文字は…GOOD
これまでの中学校の英語教育なら，こんなイメージですよね……。
英文を初見で発音する。
英文を日本語に訳す。
英単語のつづりを覚えて書く。
自由英作文を書く。
dictionary
ディ、ディクチオナリー?
Does she like tea?
えーと現在形で
彼女は、お茶を…
---orange, orange…
Sunday・Sunday Sunday
I want to go to ....
I go to
うーんと
ん……。ということは，
中学年の頃から何度も聞いたり話したりしているからこそ，
語句や表現が書かれているものを見て，意味が分かるようになる。ということですね!
そうか!
I like cats.
あ、読める! 分かる!
話す・聞く
そのときに文字の音の知識も使えば，発音を推測しやすくなりますね。
「語順を意識して書く」というのは，音声と単語の文字のかたまりを結び付けて，単語と単語のスペースに注意しながら手本を見て書く，ということですね。
4線上に正しく書けるように手本を見る
tennis
音
アイ　ライク　テニス
I like tennis.
That’s right.
わーい
ところでそれは何のフレーバーティー?
オレンジ入りアールグレイです。
紅茶についての言語材料を知らないから分からない……。

03
解説

学習指導要領では，外国語の目標とともに，言語「英語」の目標として「聞くこと」，「読むこと」，「話すこと［やり取り］」，「話すこと［発表］」，「書くこと」の５領域を設定し，各領域の言語活動を通してコミュニケーションを図る資質・能力の育成を目指すことを求めています。本項では，その５領域について，「Let's Try!」と「We Can!」に示された言語活動を参考に，指導展開のポイントを紹介します。

1 音声から文字へ，慣れ親しみから定着へ

平成29年改訂学習指導要領では，小学校中学年に外国語活動，高学年に外国語科を新設し，中学年において「聞くこと」，「話すこと［やり取り］」，「話すこと［発表］」の３つの領域で音声面を中心とした外国語を用いたコミュニケーションを図る素地を育成した上で，高学年で「読むこと」，「書くこと」を加えた**５領域の言語活動を通じてコミュニケーション能力の基礎となる力を育成する**ことを目標としています。前項外国語の目標の解説で述べた**「音声から文字へ」，「慣れ親しみから定着へ」**の方向性は，領域別の目標においてより明確に示されていると言えます。

次ページ「領域別の目標一覧」は，５つの領域の目標を便宜的に「音声」「文字」の順に並べ替えたものです。これを見ればすぐに，外国語活動では「読むこと」「書くこと」は扱わないことが確認できます。次に，外国語活動で行われる英語の文字に出合う学習が「聞くこと」の「ウ」に記されていることにご注目ください。日常生活の中で英語に触れる経験をしていない児童が，いきなり英語の文字の読み書きを学習することになれば，「聞く・読む・話す・書く」を同時に，かつ一息に学習しなければならず，大きな負担が掛かります。そこで，中学年では，文字の読み方を聞いたり読み方と文字とを結び付けたりする活動を含め，音声面を中心に英語を聞いたり話したりして慣れ親しむ学習活動を行い，高学年での「読むこと」「書くこと」を加えた５領域の学習の基礎を養うこととしています。

本項では，改訂学習指導要領が求める指導を具現化した文部科学省作成の教材「Let's Try!」「We Can!」を参考に，５領域の指導の在り方を解説します。

2 「聞くこと」「話すこと［やり取り］」「話すこと［発表］」

この３領域は，外国語活動と外国語科を比較することで要点がつかみやすくなります。

まず，次ページの表内の文末を確認してみてください。外国語活動は「するようにする」，外国語科は「できるようにする」で統一されています（「読むこと」イのみ例外）。文末以外は，外国語活動と外国語科にはほとんど変わりがありません。言語材料は「簡単な語句や基本的な表現」のみ，事柄・話題や内容は「自分のこと」「身近なこと」「身の回りのこと」「日常生活に関すること」など，児童自身のこと，児童がよく知っていることに限定されています。これらは，児童の身近にある具体的なことを題材として，外国語活動の２年間で外国語の簡単な語句や基本的な表現に慣れ親しみ，次の２年間では，その慣れ親しんだものも含めて簡単な語句や基本的な表現を活用する学習を系統的に展開し，「できるようにする」ことを求めているということを表しています。

34ページに，学習指導要領の求める指導を具現化した２種類の教材「Let's Try!」と「We Can!」の各単元

領域別の目標一覧

領域		第3，4学年　外国語活動	第5，6学年　外国語科
音声	聞くこと	ア ゆっくりはっきりと話された際に，自分のことや身の回りの物を表す簡単な語句を聞き取るようにする。 イ ゆっくりはっきりと話された際に，身近で簡単な事柄に関する基本的な表現の意味が分かるようにする。 ウ 文字の読み方が発音されるのを聞いた際に，どの文字であるかが分かるようにする。	ア ゆっくりはっきりと話されれば，自分のことや身近で簡単な事柄について，簡単な語句や基本的な表現を聞き取ることができるようにする。 イ ゆっくりはっきりと話されれば，日常生活に関する身近で簡単な事柄について，具体的な情報を聞き取ることができるようにする。 ウ ゆっくりはっきりと話されれば，日常生活に関する身近で簡単な事柄について，短い話の概要を捉えることができるようにする。
	話すこと［やり取り］	ア 基本的な表現を用いて挨拶，感謝，簡単な指示をしたり，それらに応じたりするようにする。 イ 自分のことや身の回りの物について，動作を交えながら，自分の考えや気持ちなどを，簡単な語句や基本的な表現を用いて伝え合うようにする。 ウ サポートを受けて，自分や相手のこと及び身の回りの物に関する事柄について，簡単な語句や基本的な表現を用いて質問をしたり質問に答えたりするようにする。	ア 基本的な表現を用いて指示，依頼をしたり，それらに応じたりすることができるようにする。 イ 日常生活に関する身近で簡単な事柄について，自分の考えや気持ちなどを，簡単な語句や基本的な表現を用いて伝え合うことができるようにする。 ウ 自分や相手のこと及び身の回りの物に関する事柄について，簡単な語句や基本的な表現を用いてその場で質問をしたり質問に答えたりして，伝え合うことができるようにする。
	話すこと［発表］	ア 身の回りの物について，人前で実物などを見せながら，簡単な語句や基本的な表現を用いて話すようにする。 イ 自分のことについて，人前で実物などを見せながら，簡単な語句や基本的な表現を用いて話すようにする。 ウ 日常生活に関する身近で簡単な事柄について，人前で実物などを見せながら，自分の考えや気持ちなどを，簡単な語句や基本的な表現を用いて話すようにする。	ア 日常生活に関する身近で簡単な事柄について，簡単な語句や基本的な表現を用いて話すことができるようにする。 イ 自分のことについて，伝えようとする内容を整理した上で，簡単な語句や基本的な表現を用いて話すことができるようにする。 ウ 身近で簡単な事柄について，伝えようとする内容を整理した上で，自分の考えや気持ちなどを，簡単な語句や基本的な表現を用いて話すことができるようにする。
文字	読むこと		ア 活字体で書かれた文字を識別し，その読み方を発音することができるようにする。 イ 音声で十分に慣れ親しんだ簡単な語句や基本的な表現の意味が分かるようにする。
	書くこと		ア 大文字，小文字を活字体で書くことができるようにする。また，語順を意識しながら音声で十分に慣れ親しんだ簡単な語句や基本的な表現を書き写すことができるようにする。 イ 自分のことや身近で簡単な事柄について，例文を参考に，音声で十分に慣れ親しんだ簡単な語句や基本的な表現を用いて書くことができるようにする。

末の言語活動を一覧にまとめました。外国語活動の初期では，ターゲットとする言語材料を使って尋ねたり答えたりする1，2往復程度の会話が中心です。外国語科に入ると，ターゲットとする言語材料に加え，既習の語句や表現なども使って内容豊かな会話やスピーチができるようにしていきます。その実現において大切なことは次の2点です。

①児童の興味・関心や他教科等の学習などを踏まえ，学習の系統性に配慮して指導計画を立てること。
②コミュニケーションを行う目的や場面，状況などを設定し，自分のことを伝えたり，相手のことを知ったりする本物のコミュニケーションができるようにすること。

3 「読むこと」「書くこと」

初めに，小学校卒業時までに育成を目指す「読むこと」「書くこと」の資質・能力が身に付いた児童の姿を具体例で確認しましょう。

「We Can! 2」の最後の単元Unit 9「Junior High School Life」において，児童は中学生になったら所属したい部活，楽しみたい行事についてスピーチをする学習活動に取り組みます。その後，友達に読んでもらうことを目的として，スピーチの内容をポスターに書きます。いちばん右の図版は実際に児童が完成させたポスターの例です。

本項では，6年の最後の単元で，このような文を児童が読んだり書いたりできるようにするには，どのように指導を展開するのかを説明します。

ポイントは，**「『木から森へ』『森から木へ』の両面から同時に指導すること」**です。

「木から森へ」

児童は，第3学年で初めて英語アルファベットの大文字に触れ，その「読み方（名称読み）」を聞いて「大文字」と結び付ける活動を行います。第4学年では，今度は「小文字」を用いて同様の学習活動に取り組みます。このように外国語活動の2年間で，高学年から本格的に始まる「読むこと」「書くこと」の学習の素地を築きます。中学年における文字の指導は「聞くこと」の領域において行われるものであり，「読むこと」「書くこと」ではないことに留意してください。

第5学年に入り，「読むこと」「書くこと」の領域で最初に行う指導は，文字との「出合い直し」です。外国語活動での文字への慣れ親しみを踏まえ，文字を見て「読み方」で発音したり，文字の「読み方」を聞いてその文字を書いたり識別したりする学習活動に取り組みます。「We Can!」では，そのための時間を，1回5～10分程度，約30単位時間の長期間にわたって設定しました。

「出合い直し」に多くの時間を割り当てた理由は，筆者を含め，多くの中学校英語科教師は，英語が苦手な生徒の多くは文字の学習でつまずくことが多いと考えていることからです。

英語の単語は，基本的に「読み方」ではなく「音」を組み合わせて読みます。 deskを例にすれば，「読み方」はそれぞれ「ディー，イー，エス，ケイ」。「音」はそれぞれ「ドゥ，エ，ス，ク」で，それらを組み合わせて「デスク」と読むわけです。一方，日本語の仮名文字は「音」と「読み方」が同じで，「つくえ」は「つ，く，え」としか読みません。「読み方」と「音」が必ずしも一致しない英語では，文字を覚えただけでは単語を読めるようにはならないということです。このことが英語学習の最初のつまずきの原因だと思われます。だからこそ「読むこと」「書くこと」の初期段階の学習はゆっくり丁寧に行うことが必要だと考えます。

さらに「We Can!」では，児童の発達の段階を考慮し，「書くこと」の学習をできるだけ抵抗感なく進めるため，文字を書きやすい順に配列しました（35ページ下段）。

高さが一定である大文字のほうが小文字よりも書きやすく覚えやすい。大文字の中では，直線だけで書ける線対称のもののほうが曲線を含むものより易しい。小文字の学習を始めるときは，大文字と同じ字形のものから学習するほうが負担が少ない。国語科の授業で，仮名文字の指導を「つ」「く」「し」のように画数が少なく書きやすい文字から順に教えていくのと同じように考えたわけです。

さて，英語の文字には「読み方」と「音」があるのですから，文字と「読み方」を結び付ける学習活動と並行して，文字と「音」を結び付ける学習活動も行います。第５学年では，ジングルを聞いたり言ったりする学習活動を中心に，単語の初頭音（単語の最初の音）を認識する力を高めていきます。第6学年になると，単語が読まれるのを聞いてその初頭音を書いたり，特定の音が含まれる単語を言い合ったりする学習活動を行い，単語の発音はいくつかの「音のかたまり」から成るという認識を高めていきます。

「木から森へ」は，文字から単語へと学習を進める方向性を表しています。

「森から木へ」

このように単語を読む力の基礎を育てていくと同時に，文を読んだり書いたりするために必要な「語順への意識」も高めていきます。

23ページで触れたように，英語と日本語は構造的に大きな違いがあります。日本語では，言葉と言葉をつなぎ，意味付けをする重要な役割を「助詞」が担っています。そのため，「本を机の上に置いた」「机の上に本を置いた」のように，語順が入れ替わっても意味には大きな影響がありません。一方，英語は「語順」が文意を決めます。You put the book on the desk.とYou put the desk on the book.は，同じ単語で構成されていますが意味は異なります。このような英語と日本語の言語的な違いを理解するには，「語順」への意識，言い換えれば「英語は単語を並べて文を作ること」への気付きが必要です。

それには，まず「単語」の概念を身に付けさせることが大切であると考えています。それは，筆者の中学校英語科教師の経験から，英語が苦手な生徒は，単語と単語の間にスペースを空けずに単語を続けて英文を書く傾向が見られ，単語という文字のかたまりを十分に認識していないと思われたからです。

そこで，文の中で単語を意識させること，「森から木」に向かう２種類の学習活動を設定しました。

一つは，文の一部の単語を置き換える活動を設定し，単語を書き添えた絵カードを操作して文を作ったり（①），それを書き写したりして（②），感覚的に単語の認識を深める学習活動です。①は，I like fishing.，I like playing soccer.のようにI like ～ing.の表現を用いて「するのが好きなこと」を聞いたり話したりする活動をした後，自分の話したことなどを「～ing」のカードを置き換えて表す活動をします。このように聞いたり話したりして，音声で語句や表現に十分に慣れ親しんだあと，手本を見ながら文を書き写すのが②です。単元の最後には，毎時間一つずつ書き溜めた英文を使って，「友達に読んでもらうため」「ALTに地域を紹介するため」などの目的に合わせて短い話に整理し，改めて全ての文を書き写し，絵や写真などを添えて，ポスターやカードなどの作品を作る学習活動に取り組みます（③）。

作品に書いた文章は，十分に音声で慣れ親しんできたものであることや，絵や写真などのヒントがあることから，友達と交換して読み合うことが可能です。このとき，文字の「音」に関する知識も単語を読む手掛かりになります（④）。例えば，I like fishing.という文を見て，横に添えられた魚の絵などを手掛かりに，「fishingの初頭音の f は『フ』だ」，「この文字のかたまりは『フィッシング』という発音だ」，「魚釣りが好きという意味だ」と，学習や経験を基に文を読んでいくということです。

このように，音声で十分に慣れ親しんだ文について，視覚情報を頼りにしながら音声と単語を対応させて読む活動が，「森から木へ」のもう一つの学習活動です（「読むこと」イ）。児童の作品の他に，授業で活用した掲示物，パンフレット，絵本なども活用し，文から慣れ親しんだ語句や表現を識別する活動に取り組み，単語や語順の認識をさらに深めていきます。

なお，これらの諸活動は，作業的な練習にならないように言語活動を通して行うこと，相手に伝えるなどの目的を明確に設定することが欠かせません。「読むこと」，「書くこと」の学習の初期段階では，丁寧に文字を書くことや，文字で伝え合うことの楽しさや必要性を実感することが大切だからです。

30ページのポスターを改めてご覧ください。これらの文は，スモールステップの学習活動の積み重ねの結果であり，題材を与えられたその場で書かせたものではないことが確認できたと思います。

前項「02　外国語活動・外国語科の目標」で示したように，高学年の外国語科における「読むこと」「書くこと」の目標は「聞くこと」「話すこと」と同等の指導を求めていません。単語を暗記することや，ペンマンシップ等の機械的な書き取り練習で文字を覚えて書けるようにすることでもありません。

英語と日本語は言語間の距離が遠く，大人が思うよりも習得が難しいものです。児童を英語嫌いにすることのないよう，「木から森へ」「森から木へ」の2方向から丁寧に指導し，中学校の読み書きの学習につなげていくようにすることが大切です。

文，文構造，文法事項の指導について

言語を習得するためには，その言語の文法を身に付ける必要があります。しかし，一つ一つの言葉の意味や役割，文法を覚えただけでは，その言語を用いてコミュニケーションを図ることができるようにはなりません。言葉の意味は，場面や状況，背景にある文化等によって変わるからです。

小学校段階では，児童が日本語との違いに気付きながら英語の音声や文字，文構造などを学習し，中学校以降で文法を含んだより実践的なコミュニケーション能力を育成するための基礎を築きます。このことは，高学年，中学校の学習指導要領の外国語科の［知識及び技能］の「(1) 英語の特徴やきまりに関する事項」で確認することができます。

例えば，高学年においては，「代名詞」「動名詞」「過去形」は「文」に，中学校では「文法事項」の項目の中に記されています。高学年において「代名詞」「動名詞」「過去形」については，それらを取り上げて学習するのではなく，あくまでもそれらが使われている場面の中で出合い，それらを含む語句や文を聞いたり読んだり話したり書いたりする学習活動を通して，それらの意味や使い方を理解していきます。一方，中学校では，それらを用いた言語活動をするとともに，文法規則として学習するということを示しています。

「過去形」を例にしてみましょう。小学校では「夏休みの思い出について伝え合う」「小学校生活を振り返って発表する」のようなコミュニケーションを行う目的や場面，状況などを設定します。その場面設定から，過去に起きたことを話題にしているということが理解できるようにした上で，I went ～.やI ate ～.など過去形を使った会話文等を聞いたり言ったりして，意味のあるやり取りの中で，過去に起きたことを伝える語句や表現を使うことができるようにしていきます。

中学校においては，その学習経験を踏まえ，さらに高度な言語活動を行った上で，あるいは行いながら，「goの過去形はwent」「eatの過去形はate」のように英語では過去のことを表すときには動詞の形を変えることを理解し，過去形を正確に活用できるように文法事項として学習もします。

「文構造」も同様に，高学年では言語活動を通して，具体的に相手に伝える目的のために単語を置き換えたり，伝えたい内容を考えたりする過程で，日本語と英語では文構造が異なり，英語では単語を並べて文を作ることや，並べ方に日本語と違うきまりがあることへの気付きを促していくようにします。具体的な方法としては，例えば「自分の日課を伝え合う」場面を設定し，様々な動作を表す単語のカードを主語と目的語の間に配置する学習活動を行うことで，国語の「文の成り立ち」の学習と照らし合わせて，「日本語とは違い，英語では主語の後ろに述語を置く」「述語の後に補語や目的語を置く」という文構造を理解できるようにする方法などがあります。高学年の外国語科では，このようにして日本語とは異なる英語の文構造の基礎的な知識を習得していきます。

ところで，人が生活の中で触れているうちに自然に獲得する最初の言語を母語といいます。母語でさえ，文法を身に付け，正しく使うことができるようになるには長い時間が必要です。外国語では，なおさらです。児童生徒の学習の習熟度合いに合わせ，外国語でコミュニケーションを図ることができる能力の育成には，時間を掛けることが大切です。

「Let's Try!」「We Can!」に示された
「聞くこと」，「話すこと[やり取り]」，「話すこと[発表]」の学習活動一覧

	3年	4年	5年	6年
Unit 1	**Hello!** [聞][や] 友達と挨拶を交わし名前を言い合う。	**Hello, world!** [聞][や] 挨拶をして，好きなものと好きではないものを伝え合う。	**Hello, everyone.** [発] 自分の名前や好きなもの，持っているもの，欲しいものなどを含めて簡単な自己紹介をする。	**This is ME!** [聞][や][発] 自己紹介を聞いて具体的な情報を捉える。これまで学習した表現を使って自己紹介をする。
Unit 2	**How are you?** [聞][や] 状態や体調を尋ね合う。	**Let's play cards.** [聞][や] 天気を尋ねたり答えたりする。遊びについて，好きかそうでないかを尋ねたり答えたりする。	**When is your birthday?** [聞][や] バースデーカードを本人に届けるために，誕生日や好きなものや欲しいものを尋ねたり答えたりして，やり取りを行う。	**Welcome to Japan.** [聞][や] 日本の行事や食べ物などについて，それがどのようなものであるかを加えて尋ねたり答えたりする。
Unit 3	**How many?** [聞][や] 数を尋ねる表現を使い，友達と好きな漢字を尋ね合う。	**I like Mondays.** [聞][や] 自分の好きな曜日が好きな友達を見つけるために，尋ねたり答えたりする。	**What do you have on Monday?** [聞][や] 学校生活の話を聞いて概要を捉える。オリジナルの時間割を作り，何曜日に何の授業があるのか，好きなことや将来の夢について尋ねたり答えたりするクイズを行う。	**He is famous. She is great.** [や] 第三者についての説明を聞いて具体的な情報を捉える。第三者について，好きなものやこと，欲しいもの，できることなどの特徴を尋ねたり答えたりしてクイズを行う。
Unit 4	**I like blue.** [聞][や] 自分の好きなものを交えて，互いに自己紹介をする。	**What time is it?** [聞][や] 好きな日課とその時間を尋ねたり答えたりする。	**What time do you get up?** [聞][発] 一日の生活に関するまとまりのある話を聞いて概要を捉える。自分の日課について，頻度を加えて発表する。	**I like my town.** [や][発] 地域について，どのような施設や建物があるかを尋ねたり答えたりする。自分たちの住む地域にある施設や建物について，それに対する自分の思いや考えを加えて発表する。
Unit 5	**What do you like?** [聞][や] 友達とインタビューをし合い，好きなものを尋ねたり答えたりする。	**Do you have a pen?** [聞][発] 身近な人に文房具セットを作るために，持っているかどうかを尋ねたり答えたりする。	**She can run fast. He can jump high.** [聞][発] 第三者ができること，できないことを伝える表現を使って，身近な人物を紹介したり，その人について尋ねたり答えたりする。	**My Summer Vacation** [や] 夏休みの思い出について，感想を含めて尋ねたり答えたりする。
Unit 6	**ALPHABET** [聞][発] 自分の名字と名前の頭文字をカードを使って紹介する。	**Alphabet** [聞][や] 身近にある好きなものの英語に使われている文字や，その数を尋ねたり答えたりする。	**I want to go to Italy.** [発] 言ってみたい海外の国について，その理由を含めて発表する。	**What do you want to watch?** [聞][や] オリンピック，パラリンピックについて，どの競技を見たいのかを尋ねたり，理由を含めて答えたりする。
Unit 7	**This is for you.** [聞][や] 欲しいものを尋ねたり答えたりしてグリーティングカードを作り，贈り合う。	**What do you want?** [聞][発] オリジナルのピザを完成させるために，欲しいものを尋ねたり答えたりする。	**Where is the treasure?** [や] 校内に隠した宝物の場所を尋ね，物の位置を表す表現や道案内の表現を用いて，それに答える。	**My Best Memory** [や][発] 小学校生活で最も思い出に残る行事について，理由を含めて発表する。
Unit 8	**What's this?** [聞][や] ものの正体を尋ねたり答えたりするクイズ大会を開く。	**This is my favorite place.** [聞][や][発] 友達を学校内の好きな場所に案内する。	**What would you like?** [聞][や] 家族のために考えた献立のために，丁寧な表現を使って，欲しいものやその値段について尋ねたり答えたりする。	**What do you want to be?** [や] 将来の夢について，理由や感想などを付け加えながら尋ねたり答えたりする。
Unit 9	**Who are you?** [聞][発] ペアやグループで絵本の台詞を言って発表会をする。	**This is my day.** [聞][発] 日課についての話を聞いて概要をとらえる。絵本の表現を使って自分の日課を発表する。	**Who is your hero?** [聞][や] 自分のあこがれの人物について，できることや得意なことについて，自分の意見を含めて発表する。	**Junior High School Life** [聞][発] 中学校生活について，自分が入部したい部活動や楽しみな学校行事とその理由を発表する。

単元の言語材料を使った1，2往復程度のやり取りが中心。
[例]3年 Unit 3
A: How many strokes?
B: Seven.
A: Seven，「走」?
B: No.「花」. I like「花」.
A: Thank you.

●少しずつ発表が増えてくる。
●オープンクエスチョンとクローズドクエスチョンを組み合わせてやり取りをするようになる。

既習事項を含めた短い話を聞いたり，既習事項を活用してやり取りを続けたり，スピーチをしたりする。
[例]6年 Unit 8
A: What do you want to be?
B: I want to be a vet.
I like animals.
A: You want to be a vet.
That's nice. Why?
B: Because I want to help sick animals.
A: I see. Do you have a pet?

「We Can!」に示された「読むこと」，「書くこと」の学習活動一覧

小　音と文字の認識を深め，単語や文，文章を読む力の基礎を作る。

大　音声と文の対応から，単語や語順などの認識を深め，読む力の基礎を作る。

音と文字

音

5年

文字には「**読み方**」と「**音**」があることを知り，それぞれの文字に対応する音を聞いたり発音したりする。

Aa　読み方：エイ　音　：ア

約 30 単位時間の授業の中で，少しずつ指導する。

↓

単語の発音を聞き，その単語の最初の文字（または最後の文字）の音を聞き分ける。

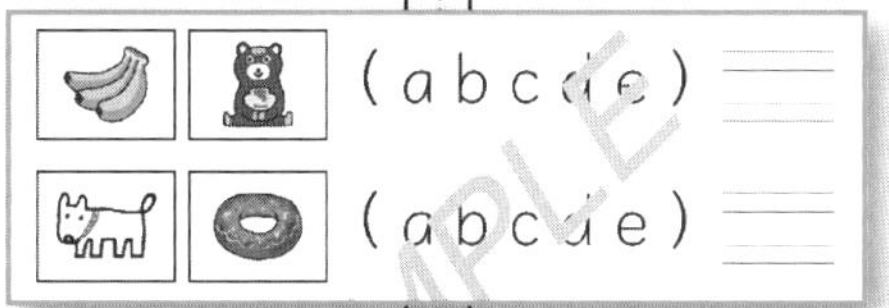

6年

同じ文字で始まる（または終わる）単語の発音を聞いたり発音したりして，文字と音との対応についての認識を深める。

↓

ch，sh など 2 文字で 1 音を表す組み合わせで始まる（含む）単語の発音を聞いたり発音したりして，文字と音との対応についての認識を深める。

↓

絵本などを用いて，同じ発音をもつ「子音+母音＋子音」で終わる単語を発音を聞いたり発音したりして，文字と音との対応についての認識を深める。

「We Can! 2」の STORY TIME でオンセット・ライム（cat, hat のように，子音の後ろに同じ「母音＋子音」が続く単語）を学習することができる。

文字

5年

大文字を見て，「読み方」で発音する。文字の「読み方」を聞き，その大文字を書く。　※①

↓

小文字を見て，「読み方」で発音する。文字の「読み方」を聞き，その小文字を書く。　※②

↓

また，その文字を書く。

6年

また，その文字を書く。

単語

文や文章が読まれるのを聞き，音声で慣れ親しんだ単語を聞き分け，発音と単語を対応させる。

視覚情報を頼りに，音声で慣れ親しんだ単語の読み方を推測し，発音する。

音声で慣れ親しんだ単語の読み方を推測し，発音する。

音声で慣れ親しんだ単語をなぞったり書き写したり，それを見て発音したりする。

音声を手掛かりとして，単語という文字のかたまりを見つけ出し，意味と結び付ける。

文　文章

音声で十分に慣れ親しんだ文や文章が読まれるのを聞き，音声と文とを対応させる。

「We Can! 1」単元末の STORY TIME は，9 つをつなげると一つの物語になる。

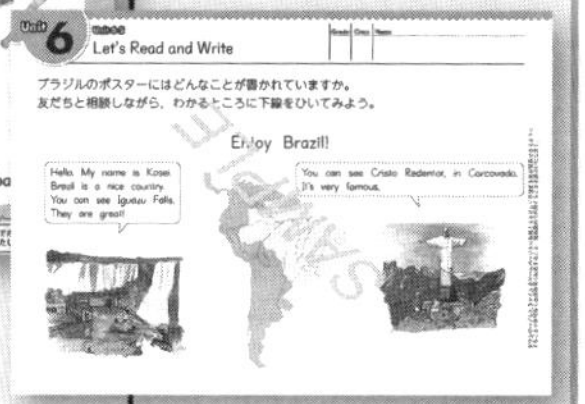

↓

相手に自分のことを伝える目的で，視覚情報に単語を添えたカードを使い，文中の一部の単語を置き換える。また，その文を読む。

↓

相手に自分のことを伝える目的で，文中の一部の単語を置き換え，その単語をなぞったり書き写したりする。また，その文を読む。　※③

↓

相手に自分のことを伝える目的で，その単元で書き写したすべての単語や文をもう一度書き写す。相手に自分のことを伝える目的をもって，書き写した文章を読む。また，相手の書いた文章を，意味を推測しながら読む。　※④

※③

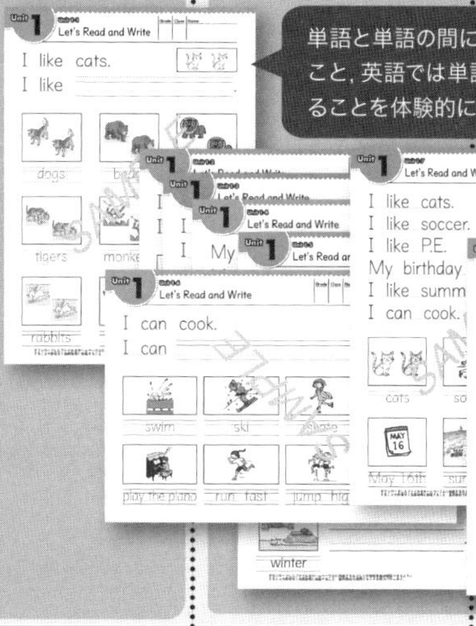

単語と単語の間にスペースを入れること，英語では単語を並べて文を作ることを体験的に学習する。

※④

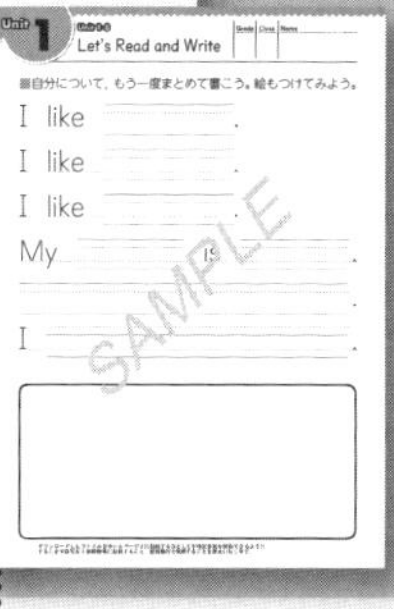

「We Can!」で例示されている文字を書く学習

英語の文字の書き順には決まりはない。児童にはそれぞれが書きやすいように書くように指導する。

●大文字を学習する順番　※①

1. 直線のみの線対称の文字：AHIMTVWXY
2. 線対称ではない直線のみの文字：FNLKEZ
3. 曲線と直線でできた文字：BDGJPR
4. 曲線が多い文字：COQSU

●小文字を学習する順番　※②

1. 1 階建て（基線とその上の線の間に書く）で，大文字 と同じ形の文字：cosvwxz
2. 1 階建ての①以外の文字：aemnru
3. 1.5 階建ての文字：it
4. 2 階建ての文字：fhkl
5. 地下 1 階のある文字：gyj
6. 鏡文字になる文字：b/d, p/q

●文字の高さと 4 線

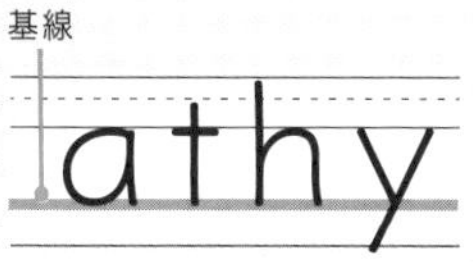

04 言語活動を積み重ねる単元の学習過程

まんが　言語活動は「漆塗り」で

そうです!
「練習して
口慣らしをしてから
使ってみる」
ではなく,
「実際に使いながら
習得させる」ことが
肝心なのよ!
えーと,
うーんと,
cat
Oh,
you like
cats?
あ…,
伝わった。
likeを
使うのか。
I like
cats.
なるほど…!
I like sushi !
I like dogs.
例えば,
文部科学省ウェブサイトで公開されている
「We Can! 1」Unit 2の
全7時間の単元計画を見てみてください。
第2時のSmall Talkや
第3時の【Let's Watch and Think】で,
早くも単元に設置された言語材料を
少しずつ自分のことを伝えるために
使い始めています。
そう……
たとえて
言うならば
漆塗りですよ!
ブロックのように
学習を積み上げていって,
単元の最後の言語活動に
向かうイメージではなく,
漆を何度も塗り重ねるように,
間違えてもいいから
言語材料を繰り返し使い,
修正をしながら身に付けるイメージ。
学習
何度もぬり重ねるイメージ!
傷付いても欠けても
最終的に,
子供たちが
目的に合わせて
言語材料を使える
ように学習を
展開することが
大切なのです。
だから,言語活動には
子供たちが
話したくなるような
題材,伝え合う目的や必然性が
必要です。
話したい…!
伝えたい…!
英語を
使いたい…!
ぞくぞく
I like …
My name is…
うずうず
I have …
高学年の目標は
「活用することができる」
「伝え合うことができる」
だから,
言語材料の習得を目指し,
実際のコミュニケーションを
行うことができるよう,
系統的に指導することが
大切になりますね。
そのためには,私たち教師も
「指導者」ではなく,
「英語でコミュニケーションを
行う人」になることも大切ですね。
A
That's right!
That's OK!
A
Oh!
B
C
D
E
F
G
Wow!
どのように
計画し,指導すればよいのか,
よく分かりました!
作り直します…
まだまだ
詰めが
甘かった
ですね。
よーし,これも
何度も何度も
塗り重ねだ!
漆はダメですよ
私たち教師も
いっしょに
ぴかぴかに
なりましょうね!

04
解説

外国語活動，外国語科では，「実際に英語を用いて互いの考えや気持ちを伝え合う活動」である言語活動を通してコミュニケーションを図る素地／基礎となる資質・能力を育成することを目標としています。これは，目的に合わせて言語材料を実際に使い，失敗と修正を繰り返しながら習得できるようにすることと言えます。その実現には，児童理解を踏まえた場面設定が欠かせません。

1 言語活動とは何か

平成29年改訂の学習指導要領では，目標に示された資質・能力の育成を「言語活動を通して」行うことを求めています。言語活動は，文部科学省が公表している『小学校外国語活動・外国語研修ガイドブック』（2017年）において，**「実際に英語を用いて互いの考えや気持ちを伝え合う活動」**と示されています。

児童が思考を働かせ，考えや気持ちを伝え合う言語活動の実現には，**児童が「話したい」と思うような，「何をどう話そうか」と考えたくなるような目的や場面，状況などの設定**が不可欠です。また，学習意欲を継続させるためには，目的が達成されたら「伝え合うことができてよかった」「伝え合うことは大切だ」と実感できるようにすることも求められます。これらを踏まえ，児童の発達の段階を考慮すると，**題材は学級の児童全員が興味・関心をもち，身近で具体的なものにすること**が望ましいと考えられます。そのような題材は，学級や学校の実態によって当然違いがあるはずです。そのため，**言語活動の設定には深い児童理解が欠かせません。**また，実際のコミュニケーションは，人と人との関わり合いの中で図られるものであり，相手への配慮を伴います。そのため，言語活動では伝える対象を明確に示す必要があります。その具体例を示します。

第４学年「Let's Try! 2」のUnit 1「Hello, world!」は，Good morning., Good afternoon.などの時間帯別の挨拶と，好きなことを尋ねたり答えたりする表現を扱っています。編成替えがなく，同一児童の学級で，新しい担任が配置されたことから，単元末に「新しい担任に自分や友達のことを知ってもらおう」という言語活動を設定しました。児童は「自分や友達が何を好きなのかを先生に知ってもらう」という目的意識をもって，言語材料を使って「誰に何を尋ねようか」「自分のことを分かってもらうために，何と答えようか」と思考を働かせ，やり取りを行います。

このような言語活動を成立させるには，次の４つの要素が必要です。

①伝え合う目的や必然性がある。
②相手意識をもって取り組むことができる。
③実際に自分や相手の気持ちや考えを伝え合う「本物」のコミュニケーションである。
④伝え合うことの喜びや意義を見出すことができる。

2 英語学習の積み重ねのイメージは「漆塗り」

前ページの４つの要素に照らし合わせると，英語の歌やチャンツ，キーワード・ゲームやビンゴなど，単に語句や表現を反復することの多いゲームは，英語を聞いたり言ったりしてはいるものの，自分の考えや気持ちを伝え合う要素が少ないことが多いため，言語活動とは言い切れないことが多いようです。そのため，これらの活動は，言語材料を理解したり練習したりするためには必要ですが，単元の学習の大半を占めるようなことがないように留意することが大切です。

児童は日常生活の中でほとんど英語に触れることがありません。その英語を，言語活動において「実際に使う」ことは，いくら簡単な語句や基本的な表現であっても容易ではありません。そのため，教師には，児童が失敗しないよう，事前にしっかり練習をさせたいという心理が働きやすいと思われます。しかし，新出の語句や表現の導入の後，決まった「型」を反復練習して，その語句や表現が本当に使えるようになるでしょうか。むしろ，語句や表現の意味を十分に理解し，コミュニケーションを行う目的や場面，状況などに応じて，どのように伝えようかと思考し，活用できるようにする機会を減らすことになると考えられます。

人は，母語を実際に使い，間違いを修正しながら習得します。外国語教育において，言語活動を通して求められる資質・能力を育成することのねらいは，母語と同じように，英語を目的を達成するために使用し，間違いと修正を繰り返しながら理解を深め，活用できるようにすることです。「学習の積み重ね」と聞くと，小さなブロックを積み上げていくイメージをもってしまいがちですが，**英語学習は「漆塗り」**のほうが適切なたとえであると思います。傷が付いたり割れが入ったりしても，何度も上から塗り重ねて完成させていくイメージです。

小学校段階では，**意味のあるやり取りができているかどうかに重点**を置いて，実際に英語を活用する言語活動を充実させることが大切です。そして，中学校において「伝えたいことを相手に伝えるために，英語をより正確に使えるようにする」指導を加え，実際のコミュニケーションを図る資質・能力を育成していきます。

3 言語活動の指導に必要なこと

実際に英語を使用して互いの考えや気持ちを伝え合う言語活動を通して指導するためには，教師はコミュニケーションの相手でありモデルであるという意識をもつことが大切です。How are you?と尋ねて，児童がI'm sleepy.と答えた場合，よどみなく正しく言えていたからという理由でGood.と反応するのは，児童と教師の実際のコミュニケーションとしては不自然です。Are you OK?や「夜更かししたのですか」と続けるほうが自然でしょう。What fruit do you like?と尋ねて，児童がI like apples.と答えた場合，Oh, you like apples. I like apples, too. And I like peaches, too. How about you?と受け答えをすれば，児童は「英語が通じた」「自分のことを知ってもらえた」と自己存在感を高めたり，伝え合う喜びを感じたりすることができます。また，「そうやって会話を続けることができるのだな」「次は自分も言ってみよう」と考え，新たな課題を見つけていくことにもつながります。教師自身が児童とともに実際のコミュニケーションを行いながら授業を進めることが，児童の学習意欲の向上にも資質・能力の育成にも寄与します。

05 指導と評価の一体化

まんが　評価は子供たちを「できるようにする」ためにある

迷ったときは
原点に戻ってみて。
原点……？
あ……！
原典に当たって
みましょうか。
ゴホゴホ
確かこの資料に
学習評価の意義が
詳しく解説されていた
はずです。
ペラペラ
「『指導と評価の一体化』の
ための学習評価に関する参考資料」
（国立教育政策研究所）
学習評価とは
学校における
教育活動に関し，
児童生徒の学習状況を
評価するもの
評価の目的
①児童自身が自分の学習を振り返り，
変容や課題を確かめ，次の学習に向かうことが
できるようにする
②児童の学習状況を把握し，
児童を「できるようにする」ために
指導や計画を見直すこと
児童の
学習改善
教師の
指導改善
忘れてはいけませんね
「評価をしなければいけない」から
「評価する」のではなく，
「子供たちをできるようにする」ために……。
ということは……。
テストの点数や挙手の回数のように
目に見えるものを
たよりにするだけではなく，
授業中などの学習の課程で
常に学習状況を見取り，
常に改善を図る
べきなのでは……？
What's this?
Yes, I do.
It's a banana?
What's ～?, It's ～.を
しっかり
指導しよう。
その場で評価，その場で指導
目標に合わせて
評価をする領域や観点を重点化すれば，
評価場面を絞り込むことができますね。
毎時間5領域3観点，
すべての記録を
残す必要はないはず。
それなら
指導に集中
できます。
外国語活動，外国語科は
新設だから，
特に指導改善を意識して
評価することが大事ですね！
ですねー！
戻りました～。
あら，二人とも
どうしたの？
ガラッ
はっ
あ，（本物の）増田先生！
お帰りなさい！

05
解説

学習改善や指導改善に生かす評価の実現のために，以前から観点別学習状況評価が導入されています。しかし，依然として評価は成績付けのためのものだという認識が根強く残っていることが問題視されていました。平成29年改訂学習指導要領では，その課題の解決のために，学習評価の在り方の見直しを重点の一つとしています。小学校の外国語活動・外国語科においては，学習評価を通じた学習の改善と指導力の向上に力点を置いています。

1 学習評価の意義

学習評価とは「学校における教育活動に関し，子供たちの学習状況を評価するもの」です。各学校には，日々の授業の中で児童の学習状況を目標に照らし合わせて観点別に評価し，児童の学習改善や教師の指導改善に生かすことが求められています。また，授業後には記録に残した評価を単元等のまとまりごとで総括し，各教科等の評定を行います。そのように算出した総括評価や評定は通知表や指導要録に記載され，児童や保護者に学習状況を伝えたり，児童が教育を受けてきたことを証明したりすることに使われます。

平成29年学習指導要領の改訂では，その方向性に「新しい時代に必要となる資質・能力の育成」とともに「学習評価の充実」が掲げられました。予測不可能な未来の社会の創り手となる資質・能力の育成のためには，知識の理解の質をさらに高め，確かな学力を身に付けさせることが必要であり，その実現には学習評価の在り方を見直すべきだと明確にしたのです。この背景には，従来から以下の課題が指摘されていたことがあります。

・学期末や学年末などの事後での評価に終始してしまうことが多く，評価の結果が児童生徒の具体的な学習改善につながっていない。
・現行の「関心・意欲・態度」の観点について，挙手の回数や毎時間ノートを取っているかなど，性格や行動面の傾向が一時的に表出された場面を捉える評価であるような誤解が払拭しきれていない。
・教師が評価のための「記録」に労力を割かれて，指導に注力できない。

（中央教育審議会初等中等教育分科会教育課程部会「児童生徒の学習評価の在り方について（報告）」（平成31年1月）より一部抜粋）

このことを受けて，「学習評価の改善の基本的な方向性」は以下のように示されました。

①児童生徒の学習改善につながるものにすること。
②教師の指導改善につながるものにしていくこと。
③これまで慣行として行われてきたことでも，必要性・妥当性が認められないものは見直していくこと。

2 学習評価に関する基礎知識

平成29年に改訂された学習指導要領では，各教科等の目標及び内容が，

(1) 知識及び技能
(2) 思考力，判断力，表現力等
(3) 学びに向かう力，人間性等

の資質・能力の３つの柱で示されています。それに伴って再整理された評価の観点は次の３つです。

●知識・技能

●思考・判断・表現

●主体的に学習に取り組む態度

「学びに向かう力，人間性等」には，感性や思いやりなどのように観点別評価にはなじまないものも含まれています。そのため評価の観点を「主体的に学習に取り組む態度」と設定し，「感性や思いやりなど」を観点別評価の対象外としました。「感性や思いやりなど」については，児童一人一人のよい点や可能性，進歩の状況を個人内評価として見取り，日々の教育活動や通知表等で児童に伝えることが大切です。

学習評価の基本構造

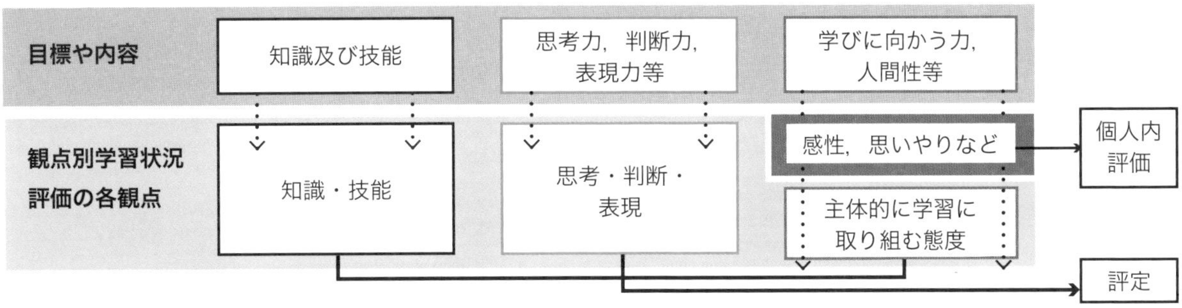

3　小学校外国語活動・外国語科の評価のあり方

外国語活動は，前学習指導要領の下に高学年外国語活動で行われていた評価と同様に，学習指導要領に示す目標に照らして児童一人一人のよい点や進歩の状況を観点別に見取り，文章による記述で評価を行います。一方，教科である外国語科は，学習指導要領に定める目標に準拠した学習状況を分析的に捉える観点別学習状況の評価と総括的に捉える評定を実施することとなっています。

外国語活動・外国語科では，それぞれが設置された学年で新たに設置されたものであることから，前出「学習評価の改善の基本的な方向性」の①学習改善と②指導改善を重視しています。担任する学年の都合などによって指導経験のない先生や浅い先生がいること，その中には外国語科について，指導に不安を覚えたり評価への負担を重く感じたりしている先生が少なからずいることと思われます。本来評価がもっている学習改善，指導改善の役割をより強く意識したいものです。

「学習評価の参考資料」では，外国語科について４つ，外国語活動で２つの事例を示しました。事例１では，単元計画の随所に「教師の指導改善のためのポイント例」「児童の学習改善のためのポイント例」を掲載し，児童の学習状況に合わせ，どのように目標を達成できるように指導するかについて，具体的に例示しています。自己研修，校内研修等の資料に活用しやすいよう，高学年では「We Can!」，中学年では「Let's Try!」を題材にしています。ぜひ参考にしてください。

国立教育政策研究所「指導と評価の一体化」のための学習評価に関する参考資料
小学校　外国語・外国語活動
https://www.nier.go.jp/kaihatsu/pdf/hyouka/r020326_pri_gaikokg.pdf

06
評価規準の作成

まんが　子供たちの姿を思い浮かべて評価規準を具体化する

単元に設定されている言語材料について理解できているかどうかを「知識」，それらを活用できるようになっているかどうかを「技能」の観点から評価する，ということですよね。
【知識の評価】理解できているか
これはちぐらです
この中で眠ります
【技能の評価】活用できるか
○
×
バリッバリッ
「聞くこと」の領域の評価規準はこんな感じでしょうか。
聞くこと
【知識】
月日の言い方やI like/want 〜.，Do you like/want 〜?，What do you like/want?，When is your birthday?，その答え方について理解している。
【技能】
誕生日や好きなもの，欲しいものなど，具体的な情報を聞き取る技能を身に付けている。
「思考・判断・表現」は，知識及び技能を活用し，思考し，判断し，表現している子供の姿を思い浮かべてみるといいんですよね。
My birthday is April 5th.
Oh, it's in spring.
Do you like spring?
このように表すことができそうです。
話すこと[やり取り]
【思考・判断・表現】
自分のことをよく知ってもらったり，相手のことをよく知ったりするために，自分や相手の誕生日や好きなもの，欲しいものなどについて，互いの考えや気持ちなどを伝え合っている。
何の目的で
どんな題材について
何を
どうする
「主体的に学習に取り組む態度」は……
外国語科の目標の(3)に対応しているんですよね。
外国語科　目標(3)
外国語の背景にある文化に対する理解を深め，他者に配慮しながら主体的に外国語を用いてコミュニケーションを図ろうとする態度を養う。
うーん
これはどのような姿に現れるんでしょうね？
言語活動に粘り強く取り組んだり，
月の言い方を覚えたい…
まねしてみよう
ジャ・ジャニュア….
January?
…January…
January
January!
言えた!
My birthday is January 13th.
自分の課題やよい点に気付いて，新たな目標に向かって学習を調整したりすることですね。
あ……，ということは。
思考，判断，表現に取り組もうとしている，ということだから，その評価規準の文末をこのように変えたらいいと思います。
自分や相手の誕生日や互いの考えや気持ちなどを伝え合おうとしている。
伝え合っている。
こうしよう!
あと，「書くこと」ですが……。
まだ5年になって文字の学習を始めたばかりなので，評価を記録に残すのはまだ早いと思います。
d b q p o a
v w u
私もそう思います。
では……。
これで3つですね!
書くこと
なお，単元における「書くこと」については，目標に向けて指導は行うが，本単元内で記録に残す評価は行わない。
完成だ……!
指導　評価
③指導と評価の計画の作成
①目標
②評価規準
★作成は続く!
いや，まだまだ途中ですよ……。

06
解説

学習評価を児童の学習改善や指導者の指導改善に生かし，目標となる資質・能力を確実に育成するためには，児童の実態に即し，具体的で実現可能な単元計画を作成することが大切です。学習指導要領には2学年を掛けて実現すべき目標と内容が示されていることを踏まえ，2年間の見通しをもって各領域，各観点の目標を設定し，その実現状況を適切に見取るための評価規準を作成します。

1 単元の「指導と評価の計画」作成の意義

学習指導要領の目標に示された「知識及び技能」，「思考力，判断力，表現力等」「学びに向かう力，人間性等」の3つの資質・能力をバランスよく育てるためには，学習評価においてもバランスの取れた「領域ごとの観点別評価」を行い，学習と指導の改善を図ることが重要です。各学校において，そのような学習評価を実現するために役立つものが「指導と評価の計画」です。その作成上の留意事項には，次の2点が挙げられます。

①外国語科の2年間の指導を見通し，各領域，各観点の評価に最適な時期や方法を整理すること。
②整理したことに基づいて，評価する領域や観点に偏りや不足がないか，必要以上に評価場面を設けていないかを確認すること。

「学習評価の参考資料」第3編で示した外国語科の事例では，このことを踏まえ，単元の評価規準に設定された領域数は平均して二つ，各観点の評価場面は単元全体で1回，または2回に絞り込んでいます（評価規準を複数の単元にわたって設定している場合も同様）。また，評価規準に合わせて，授業中の行動観察や，テキストやワークシート，作品への記述点検，授業後の振り返りカードへの記述分析など，児童全員の学習状況を記録に残す方法を具体的に掲載しました。「話すこと」に関しては，児童一人一人の学習状況をより詳細に行う方法として，学期に1回程度の「話すこと」に関するパフォーマンス評価や，「読むこと」「書くこと」に関して複数の単元のまとめとしての「チャレンジクイズ」の実施にも言及しています。学級や学校の実態に即し，無理なく着実に遂行できる計画を作成する例として参考にしていただければと思います。

年間指導計画や単元計画は，各学校が教育目標，学校や児童の実態等に即して作成することと定められています。実際には，多くの学校で，教科書を軸として，教師用指導書に示された計画例を下敷きとして検討が行われていると思います。一般に広く使われることを目的として作られているこれらの教材や指導案は，必ずしも先生ご自身の学校や学級にとって最適なものであるとは限りません。「学習評価の参考資料」を参考に，本項で示した注意点を踏まえ，児童の実態に即して創意工夫を凝らし作り変えることが大切です。

2 単元計画の構成要素

単元計画は，年間の指導を見通し，学級の児童の実態に即して毎時間の指導をどのように展開して目標の達成を目指すのか，単元の最後に児童がどのような力を身に付けていることを目指すのかを明らかにするものです。書式等にきまりはありませんが，指導と評価の一体化を図るために必要と考えられる構成要素は，単元目標とその評価規準，各時間の指導計画の3つです。

単元目標は，年間指導計画の作成段階で単元に位置付けられた領域と観点に基づき記述します。その際，目標に示された資質・能力の３つの柱を総合的に育成することが求められていることを踏まえ，観点ごとではなく，一文で表すことを基本としています。

3 評価規準の作成

観点別学習状況評価を適切に，かつ着実に行うために，児童の学習状況を判断する際の目安となる評価規準の作成が求められます。その作成に当たっては，目的と用途を踏まえ，目標を達成している児童の姿を観点別に，具体的に記述することが大切です。「学習評価の参考資料」第３編の事例１を参考に，作成上の留意事項を解説します。

○学年　５年
○単元名　Unit ２「When is your birthday?」
○教材名　新学習指導要領対応　小学校外国語教材「We Can! 1」

単元の目標

自分のことをよく知ってもらったり相手のことをよく知ったりするために，相手の誕生日や好きなもの，欲しいものなど，具体的な情報を聞き取ったり，誕生日や好きなもの，欲しいものなどについて伝え合ったりできる。また，アルファベットの活字体の大文字を書くことができる。※なお，本単元における「書くこと」については目標に向けて指導は行うが，本単元内で記録に残す評価は行わない。

単元の評価規準

	知識・技能	思考・判断・表現	主体的に学習に取り組む態度
聞くこと	<知識>月日の言い方や，I like/want ～., Do you like/want ～?，What do you like/want?，When is your birthday?，その答え方について理解している。 <技能>誕生日や好きなもの，欲しいものなど，具体的な情報を聞き取る技能を身に付けている。	相手のことをよく知るために，誕生日や好きなもの，欲しいものなど，具体的な情報を聞き取っている。	相手のことをよく知るために，誕生日や好きなもの，欲しいものなど，具体的な情報を聞き取ろうとしている。
話すこと［やり取り］	<知識>月日の言い方や，I like/want ～., Do you like/want ～?，What do you like/want?，When is your birthday?，その答え方について理解している。 <技能>誕生日や好きなもの，欲しいものなどについて，I like/want ～., Do you like/want ～ ?，What do you like/want ～? When is your birthday? 等を用いて，考えや気持ちなどを伝え合う技能を身に付けている。	自分のことをよく知ってもらったり相手のことをよく知ったりするために，自分や相手の誕生日や好きなもの，欲しいものなどについて，お互いの考えや気持ちなどを伝え合っている。	自分のことをよく知ってもらったり相手のことをよく知ったりするために，自分や相手の誕生日や好きなもの，欲しいものなどについて，お互いの考えや気持ちなどを伝え合おうとしている。

出典：「『指導と評価の一体化』のための学習評価に関する参考資料」第３編　事例１（国立教育政策研究所，2020年）

この事例では，単元の目標に対応し，「聞くこと」「話すこと［やり取り］」の２領域の評価規準が設定されています。目標に「書くこと」の内容が含まれているのに，評価規準が設定されていないのは，この単元は全９単元中の２番目であり，実施時期が第５学年の早いうちであることから，本事例では児童は「書くこと」の学習を始めたばかりで，目標の達成状況を評価するほど十分な指導が行われていないと判断し，目標に向けて指導は行うが，記録に残す評価はしないことにしています。評価は指導したことがどのように児童に身に付いているかを確認するために行うものであることを踏まえ，評価する領域や観点を適切に精選することが大切です。

4 観点の趣旨と表し方

各学校において，目標に準拠した評価を実施し，児童の学習改善や教師の指導改善を図るためには，教師間で評価に関する情報を共有することが重要です。それをスムーズに行う方法の一つとして，評価規準の表し方を学校で統一することが挙げられます。次に「学習評価の参考資料」に示されている基本的な表し方を紹介するとともに，各観点の趣旨や評価方法の例などを紹介します。

「知識・技能」

〈知識〉

聞くこと 読むこと 話すこと[やり取り] 話すこと［発表］ 書くこと	趣旨	学習指導要領「2 内容」［第５学年及び第６学年］の「(1) 英語の特徴やきまりに関する事項」に記されていることを理解している状況を評価します。
	表し方	【言語材料】を理解している。

〈技能〉

聞くこと 話すこと[やり取り] 話すこと［発表］ 書くこと	趣旨	実際のコミュニケーションにおいて，知識を活用することができる技能が身に付いている状況を評価します。
	表し方	【事柄・話題】について，【言語材料】などを用いて【内容】を聞き取る／伝え合う／発表する／書き写す／書く技能を身に付けている。
読むこと　ア	表し方	【アルファベットの活字体の文字】を識別し，その読み方（名称）を発音している。
読むこと　イ	表し方	音声で十分に慣れ親しんだ【言語材料】を読んで意味が分かるために必要な技能を身に付けている。

「知識」の評価規準の設定に際して，学習指導要領の第10節外国語の第２の２「内容」〔第５学年及び第６学年〕〔知識及び技能〕の「(1)英語の特徴やきまりに関する事項」の「音声」を観点別評価の規準には含めないことに注意が必要です。

この観点の学習状況を評価する方法としては，授業中の行動や発言，ワークシートや作品等への記述を分析する方法や，ペーパーテストを用いる方法等があります。ペーパーテストを実施する際には，事実または概念的な知識だけでなく，発問の仕方を工夫し，実際に知識や技能を用いる問題の設定が求められます。

「思考・判断・表現」

観点「思考・判断・表現」は，知識及び技能を活用して実際の課題を解決するために必要な思考力，判断力，表現力等を身に付けているかどうかを評価するものです。外国語科でこの観点を評価するに当たっては，コミュニケーションを行う目的や場面，状況などの設定は必須です。そして，その目的などに応じて，使用する言語材料が提示されていない状況においても，これまでに学習した言語材料から伝えたい内容にふさわしいものを取捨選択したり，伝える内容を整理したりして伝えるための工夫を思考し，判断し，表現している姿や，目的や場面，状況などに応じて，どのような内容を聞き取ったり読み取ったりするかを思考し，判断し，表現する姿から学習状況を見取ります。評価方法としては，授業中の行動観察，ワークシートや作品，ペーパーテスト等への記述を分析する方法等が挙げられます。

なお，「読むこと　イ」の「思考・判断・表現」は，高学年で文字の学習を始めたばかりの児童に，目的に合わせて語句や表現を読むことができることまでを求めることは適切ではないことから，評価規準の作成には注意が必要です。

聞くこと 話すこと［やり取り］ 話すこと［発表］ 書くこと	趣旨	コミュニケーションを行う目的や場面などに応じて，学習した言語材料を活用し，各領域に示した方法で表現することができている状況を評価します。
	表し方	【単元の中心となる言語活動においてコミュニケーションを行う目的や場面・状況など】に応じて／するために，【その事柄・話題】について，簡単な語句や基本的な表現を用いて【内容】を聞き取っている／伝え合っている／ 発表している／ 書いている。
読むこと　ア	表し方	【単元の中心となる言語活動においてコミュニケーションを行う目的や場面・状況など】に応じて／するために，【アルファベットの活字体の文字】を識別し，その読み方を発音している。
読むこと　イ	表し方	【単元の中心となる言語活動においてコミュニケーションを行う目的や場面・状況など】に応じて／するために，音声で十分に慣れ親しんだ【言語材料】を読んで意味が分かっている。

「主体的に学習に取り組む態度」

知識及び技能を習得したり，思考力，判断力，表現力等を身に付けたりするために，自らの学習状況を把握し，学習の進め方について試行錯誤したり，学習の進め方を調整したりしながら学ぼうとしているかどうかという意思的な側面を評価するものです。知識及び技能を習得したり，思考力，判断力，表現力等を身に付けたりしようとする取り組みの中で発揮され，育成される資質・能力であることから，この観点を「思考・判断・表現」と一体的に見取ることができると考えられます。また，自らの学習の進み具合や課題等を把握して，その課題の解決に取り組んだり，より高いレベルの学習に取り組んだりしようとするようになるには，一定の時間が掛かるため，必ずしも一つの単元の中で完結せず，複数単元にまたがって評価することも考えられます。年間の指導の見通しをもち，児童の学習の深まりに応じて，評価規準を適切に設定することが大切です。

また，意思的な側面を評価するものであることから，表出されたものや表出している姿からだけでこの観点の学習状況を捉えることは不可能です。そこで，ワークシートや作品等への記述や授業中の発言，教師による行動観察のみならず，振り返りシートなどへの児童による自己評価や相互評価の記述を評価材料として用いて，総合的に評価することが求められます。

なお，観点の表し方については，知識及び技能を活用し，思考し，判断し，表現している様子から評価する特質を踏まえ，「思考・判断・表現」の文末を「〜しようとしている」に置き換えることを基本としています。

聞くこと 読むこと 話すこと［やり取り］ 話すこと［発表］ 書くこと	趣旨	外国語の背景にある文化に対する理解を深め，他者に配慮しながら，主体的に外国語を用いてコミュニケーションを図ろうとしている状況を評価する。
	表し方	【単元の中心となる言語活動においてコミュニケーションを行う目的や場面・状況など】に応じて／するために，【その事柄・話題】について，【言語材料】を聞き取ろうとしている／概要を捉えようとしている／発音しようとしている／読んで意味を分かろうとしている／伝え合おうとしている／話そうとしている／書き写そうとしている／書こうとしている。

07 「思考・判断・表現」の評価

まんが　単元の「指導と評価の計画」を考える

「聞くこと」の「思考・判断・表現」は，5時間目の【Let's Watch and Think 5】で動画を視聴して，目的に応じて聞き取っている活動で評価できますよ。
Ⅲ
何を言うかはあらかじめ知らせていない
聞き取ったことから、Lakshさんの誕生日のプレゼントを考えよう。
おおっ，いいですね。
「話すこと[やり取り]」の評価場面をどこにしましょうか。言語材料を用いてやり取りする姿から見取るわけだから……。
指導計画
1 2 3 4 5
【Activity 1】で友達とやり取りをしている様子から「知識・技能」「思考・判断・表現」を評価することはできないでしょうか?
Activity 1
colors
名前
sports
ほしいもの
Ⅲ Ⅳ
まずチャンツは言っているだけだから対象外ですね。
うーん
メモリーゲームは一人一人の児童がやり取りをする様子を見取るには不向きかもしれません。
Q. A.
うーん……。でも，When is your birthday? が言語材料に含まれていないから，ここを評価場面にするのはやめましょう。
指導に集中するためにも，評価場面を多くしすぎないほうがいいと思いますし。
あ，本当だ。
よく見たら，活動する前にやり取りをする内容を伝えているから，評価場面にふさわしい活動でもありませんでした。
とすると，単元の最後の2時間に設定したゴールの言語活動で3つの観点を評価する場面でいいでしょうか。
私もそこが適切だと思います。
5時間目に作ったカード
I like blue. I like ⚽. I want 🎒. My birthday is April 30
やり取りを評価
知識・技能
思考・判断・表現
4 5 6 7
1時間で3つの観点を評価するのは負担が大きいので，6時間目はやり取りから言語材料を理解しているか，「知識・技能」のみ評価しましょう。
Ⅲ
そうですね。「知識・技能」に課題が見つかったら，7時間目の言語活動までに指導のサポートができます。
そして7時間目に，思考し，判断し，表現しているかを評価する。いいですね。
Ⅳ
ホワ…ホワ…
What sport like?
6
学習と指導の改善
What sport do you like?
7
言える!
「指導と評価の計画」は
シンプルである
評価の負担が少ない
「できるようにする」
この3点を押さえることが大切ですね!
完成! やったー!
授業への道
ありがとうございます!
いえいえー!
Level UP!

07
解説

外国語科で「思考・判断・表現」の学習状況の評価を行う際には，児童にコミュニケーションを行う目的や場面，状況などを明示することが必須です。児童の実態を踏まえ，相手意識や目的意識をもって聞いたり読んだり，やり取りをしたり発表したり，書いたりすることができるよう工夫することが求められます。本項では「聞くこと」の領域についてワークシートを用いた評価の例を紹介します。

1 評価に正解はない

指導と評価に関して，「この単元で『聞くこと』を評価してはいけないでしょうか」「『思考・判断・表現』の評価はワークシートを使わないとできませんか」などの質問をいただくことがあります。学級の児童の実態，実施時期，指導者の願い等は一様でないことから，それらの問いに対する絶対の「正解」はありません。しかしながら，学習指導要領等に示された目標や各観点の趣旨を踏まえれば，一定の注意すべき点が浮かび上がってきます。前項の内容と重複するところはありますが，特にご質問の多い「聞くこと」の「思考・判断・表現」評価について具体例を示して解説します。

2 「思考・判断・表現」の評価の大原則

「学習評価の参考資料」において，「思考・判断・表現」のポイントは次のように示されています。（太字，色文字，下線は筆者による）

・「聞くこと」は，**コミュニケーションを行う目的や場面，状況などに応じて**，自分のことや身近で簡単な事柄についての簡単な語句や基本的な表現，日常生活に関する身近で簡単な事柄についての具体的な情報を聞き取ったり，日常生活に関する身近で簡単な事柄についての短い話の概要を捉えたりしている状況を評価する。
・「読むこと」は，**コミュニケーションを行う目的や場面，状況などに応じて**，活字体で書かれた文字を識別し，その読み方（名称）を発音している状況や，音声で十分に慣れ親しんだ簡単な語句や基本的な表現を読んで意味が分かっている状況を評価する。
・「話すこと［やり取り］」は，**コミュニケーションを行う目的や場面，状況などに応じて**，指示，依頼をしたり，それらに応じている状況や，日常生活に関する身近で簡単な事柄について自分の考えや気持ちなどを伝え合っている状況，自分や相手のこと及び身の回りの物に関する事柄について，その場で質問をしたり質問に答えたりして，伝え合っている状況を評価する。
・「話すこと［発表］」は，**コミュニケーションを行う目的や場面，状況などに応じて**，日常生活に関する身近で簡単な事柄や自分のことについて話している状況や，身近で簡単な事柄についての自分の考えや気持ちなどを話している状況を評価する。
・「書くこと」は，**コミュニケーションを行う目的や場面，状況などに応じて**，大文字，小文字を活字体で書いている状況や，音声で十分に慣れ親しんだ簡単な語句や基本的な表現を書き写している状況，自分のことや身近で簡単な事柄について，音声で十分に慣れ親しんだ簡単な語句や基本的な表現を用いて書いている状況を評価する。

全ての領域の冒頭に「コミュニケーションを行う目的や場面，状況などに応じて」と書かれています。このことは，「思考・判断・表現」の観点は，コミュニケーションを行う目的や場面，状況などが設定され，実際に英語を使用して互いの考えや気持ちを伝え合う「言語活動」に取り組んでいる姿から評価する必要があり，ただ「音声を聞いて，聞き取ったことを書く」「書かれた活字体の文字や語句などを発音する」「言語材料を用いて伝え合ったり発表したりする」「活字体の文字や語句等を書く」という姿からでは評価することはできないということです。

言語活動の設定においては，先に本章38ページで述べたように，児童の実態を踏まえて工夫することが大切です。さらに，記録に残す評価を行うために学級全員の学習状況を見取りたい場合は，学級の構成人数に合わせて評価方法を検討する必要もあります。換言すれば，「思考・判断・表現」の観点の評価は，児童の実態に合わせて多様に想定されるということです。

3 「聞くこと」の「思考・判断・表現」の評価

「聞くこと」は，コミュニケーションを行う目的や場面，状況などに応じて，どのように思考力や判断力を働かせているかが見えにくいと思います。「聞き取ることができているか」「概要を捉えているか」を確かめるためには，聞いている様子を観察するとともに，ワークシートなどへの聞き取ったことの記述から分析することが必要になります。次に「We Can! 1」Unit 2「When is your birthday?」の【Let's Watch and Think 5】を評価場面にした場合のワークシートの例を三つ示し，それぞれの長所と活用上の留意点を解説します。

◯学年　5年
◯単元　「We Can! 1」Unit 2「When is your birthday?」
◯評価場面　【Let's Watch and Think 5】
　KentaがLakshに誕生日や誕生日に欲しいもの，好きなスポーツ，好きな食べ物について尋ねている会話を視聴する。なお，Lakshの誕生日カードを作る目的に応じて必要な情報を聞き取っているかどうかを確認するために，スクリプトを書き足した（以下青字で示した文が追加部分）

◯評価規準

領域	思考・判断・表現
聞くこと	相手が喜ぶ誕生日カードを作るために，誕生日などについて短い話を聞いて具体的な情報を聞き取っている。

スクリプト

Kenta: Hello, Laksh. When is your birthday?
Laksh: Hi, Kenta. My birthday is June 28th.
Kenta: Oh, it's this month. What do you want for your birthday?
Laksh: I want an umbrella.
Kenta: Really? An umbrella for your birthday? What color?
Laksh: I like yellow. I want a yellow umbrella for my birthday. Do you like yellow?
Kenta: Yes, I do. I like blue, too. Do you like blue?
Laksh: ...... No, I don't like blue.
Kenta: Oh, I see. What sport do you like, Laksh?
Laksh: I like swimming. How about you?
Kenta: I like baseball. How about food? What food do you like?
Laksh: I like donuts very much. I want a donut party for my birthday.
Kenta: A donut party? Great!

ワークシート

[例 1]

外国語の授業で，友達が喜ぶ誕生日カードを作り，おくり合います。あなたがおくる相手はラクシュです。そこでラクシュの話を聞いて，そのことをもとに，あなたがラクシュにカードを作っておくるためにさらに質問することを書きましょう。

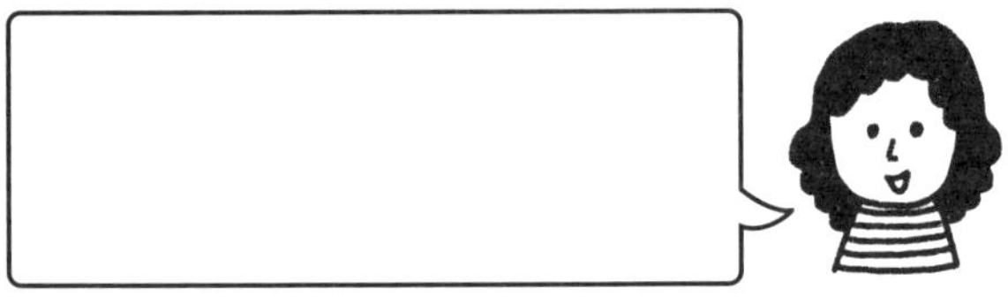

[例 2]

Kenta

外国語の授業で，友達が喜ぶ誕生日カードを作り，おくり合います。あなたがおくる相手はラクシュです。ラクシュが喜んでくれるカードをつくるために，ケンタとラクシュの話を聞き，(　　) に適切なことばを書いて，カードを作るためのメモを完成させましょう。

ラクシュさんの誕生日カードを作成するためのメモ

・(　　　) 色のカードを使う。

・好きなもの，好きなことや欲しい物のイラストをかく。

　・(　　　　　　　　) のイラスト

　・(　　　　　　　　) のイラスト

　・(　　　　　　　　) のイラスト

[例 3]

外国語の授業で，友達が喜ぶ誕生日カードを作り，おくり合うことになりました。ケンタはラクシュのために誕生日カードを作りました。音声を聞いて，どのカードを作ったのか，次の **(1)**～**(4)** から一つ選びましょう。

(1)
※台紙は白，傘は黄色

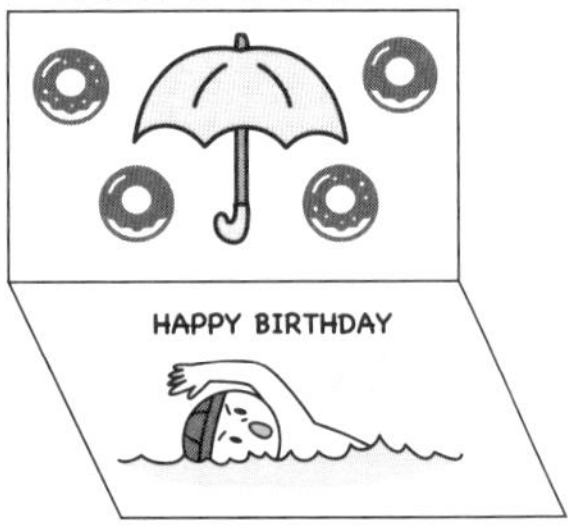

(2)
※台紙は黄色，傘は青

(3) ※台紙は青，傘は黄色

(4) ※台紙は白

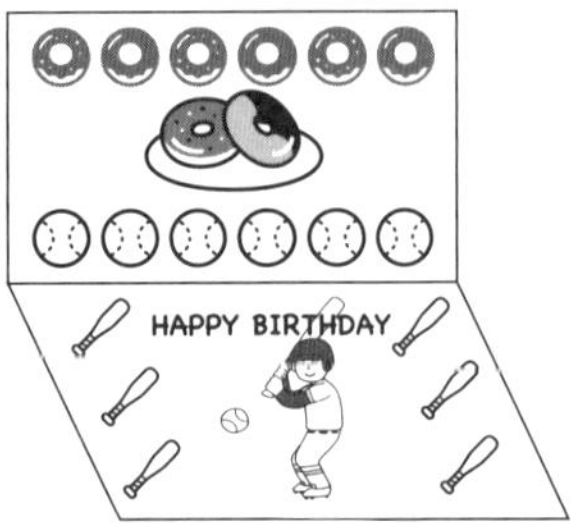

(1) の台紙は白，傘は黄色
(2) の台紙は黄色，傘は青
(3) の台紙は青，傘は黄色
(4) の台紙は白

[例1]のワークシートは,「ラクシュが喜ぶような誕生日カードを作る」という目的を達成するために，音声を聞いて必要だと思ったことを書き留める活動のためのものです。「誕生日」「欲しい物」「好きなスポーツ」のように，話題になっている項目が示されていないので，児童は音声を聞いて自分が誕生日カードを作るために必要な情報は何かと思考して聞き取ることになります。この問題で「思考・判断・表現」の観点で学習状況を評価することができると考えられます。

しかし，ある児童が好きな色や好きなスポーツしか書かなかった場合，聞き取ることができた内容から，誕生日カードに必要だと考えた情報を選り分けて書いたものなのか，聞き取れたことがたまたまその二つだけだったのか，記述からだけでは分かりません。また，聞き取ったことを全て書いた児童がいたら，「全部カードに書きたいから」書き留めたのか，何も考えずにただ書いたのかについても，記述から分析することはできません。さらに，書くことが苦手な児童が目的に合わせて必要な情報を聞き取れていたにも関わらず，時間内に書き切れないという状況も発生するかもしれません。そのため，この[例1]を活用する場合は，ワークシートに記入している様子や，【Let's Watch and Think 5】以外での活動の様子を行動観察で見取ったことを踏まえて評価する必要があります。

[例2]は，聞く目的を明確に示し，ケンタとラクシュの話を聞いて，必要だと考えたことを書くためのワークシートです。目的を達成するために思考して聞くように促すことができます。しかし，学級の中には問題のリード文を読んで「誕生日カードにイラストをかくために情報を聞き取る」という場面設定をすぐに理解することができない児童がいることが考えられます。内容を理解しやすくするためにイラストを配置しただけでは十分に理解を促すことができず，実態に応じて個別にサポートをする必要があるかもしれません。従って，構成人数の多い学級では使いにくい恐れがあります。

[例3］では,「ケンタの立場で聞く」という設定をなくし，ケンタとラクシュの会話を聞いて，ケンタがどのようなカードを作ったのかを４つのイラストから選ぶことで，必要な情報を聞き取ることができているかどうかを確かめることにしました。必要な情報を考えて聞くことができる問題になっていますが，４択問題であるため,偶然正解となる確率は25%であり，学習状況を把握することができる問題だと断言することはできません。しかし，学級の構成人数が多く，全員一斉に取り組む活動で個別指導が難しい場合，この３例の中では学習評価の妥当性，信頼性が高い方法といえるでしょう。とはいえ，前述のようにまぐれ当たりの可能性もあるため，授業中の行動観察などを踏まえ，ワークシートの記述分析だけに頼らないようにすることが大切です。

以上のことから，この場合，学級や児童の実態を踏まえ，また深い児童理解をもとにした方法で,「聞くこと」について「思考・判断・表現」の観点で評価することが大切であることが分かります。

なお，このことは,「聞くこと」の「思考・判断・表現」の観点だけでなく，全ての領域，全ての観点で評価する場合にも当てはまります。児童の学習状況を最も適切に評価することができる方法を，学校が，指導者が検討することが大切です。また，授業の中でこのようなワークシート等の記述で見取るだけでなく，複数の単元を通した学習を終えた時点で，コミュニケーションを行う目的や場面，状況に応じて，これまでに学習した内容を活用して，コミュニケーションを図っているかを，どの児童にも同一条件で見取ることも大切です。さらにこのことについては，先述した「知識・技能」についても言えることです。

08

評価場面の精選と評価の実施

まんが　これはa？　それともb？

……という
わけですが。
ふーむ。
で，悩んでいるのは
このたくまさんの
「思考・判断・表現」の
評価についてなのですが……。
さっ
あ，分かれた！
カードの持ち主を探すために
しっかりと
尋ねていましたし。
質問にも
しっかり
答えていたと
思います。
誕生日、好きなもの、ほしいもの…
ぼくは悩みつつ，
ジェスチャーを使って
一生懸命に
伝えようと
していたので，
aにして
あげたいな，と。
……。
aというのは，
「十分に満足にできる」状況。
bは「おおむね満足できる」
状況ですよね？
たくまさんは
評価規準以上の
ことを
していないと，
私は思います。
評価規準
自分のことをよく知ってもらったり，
相手のことをよく知ったりするために，
自分や相手の誕生日や好きなもの，
欲しいものについて，
互いの気持ちや考えなどを
伝え合っている。
一緒に作りましたよね
りおさんは，
カードに記載のない
テニスの選手の話をしたり，
自分から質問をした
りしているので，
aと判断できます。
たくまさんは
ジェスチャー
から
伝える熱意は
感じますが，
評価規準に沿って
評価するなら
bだと思います。
実は私，
小学校の頃，
社会科が苦手なのに
「○」が多くて，
それが不思議で……。
どうしてこんなに高評価なのだろうか…？
高学年の外国語科は
教科だし，
中学校の先生と
評価の考え方を
共有することも
考えたほうが
いいのかな，と
思っているんです。
この間，中学校の
学習指導要領を
読んだ
せいなのか，
学習が
中学校に続く
ことも意識して
いまして。
失礼しましたー
5-1
子供たちの
未来まで
見えてますね，
新山先生……！
なるほど……。
教えられるなあ。
じーん
すばらしい！

08

解説

外国語科の評価に対しては不安の声が聞かれます。大切なことは，学習の結果に意識が向きがちな従来の評価観を改め，学習の過程で観点別に学習状況を把握し，見取ったことに基づいて学習と指導を改善する評価を充実させることです。それが目標とする資質・能力が児童に身に付き，指導力を高める「結果」につながります。

1 評価への不安を取り除く

平成29年改訂の学習指導要領において，昭和22（1947）年に現在の学校制度が形成されて以来初めて，小学校の「教科」に外国語が位置付けられました。現在はまだ多くの先生方がご自身の小学校時代に学校で外国語を学習した経験がなく，中には教師として外国語活動の指導の経験が全くない方もいるという状況です。そのため，学習指導要領が告示されてから，外国語科の評価について多くの先生方が高い関心を寄せるとともに，不安や負担を感じているという声が聞かれていました。前例がありませんから，身構えてしまうことは無理もないことだと思います。

そこで改めて確認したいことは，学習評価は，目標に示された資質・能力を育成するため，児童の学習状況を把握することによって，児童の学習や指導者の指導の改善を図ることを目的として行うものであるということです。単元や学期末，学年末等の結果だけで評価しようとすれば，自分の指導は正しいのか，児童に力が付いているのかという不安が常につきまとうことになってしまうのではないでしょうか。指導の過程で適宜評価を行うことによって，児童の課題や成長を確かめるとともに指導を見直していくという心構えで，恐れずに評価に取り組んでいただきたいと思っています。

以下に，先生方が安心して評価を行うためのポイントを示します。

①評価規準を具体的に設定する。

評価規準は，観点別学習状況の評価を確実に行うために，各学校において，目標を実現している児童の姿を観点別に具体的にし，文章に表したものです。言い換えれば，児童が評価規準に示された学習状況が認められれば「おおむね満足できる」状況（b）であるということです。学習指導要領や「学習評価の参考資料」，本書の第1章06，07を参考に，年間指導計画を確認し，指導の見通しを持ちながら，目指す児童の姿を明確にしていきましょう。

②評価に関する情報を教師間，教師と保護者間で共有する。

児童の学習状況を評価規準に照らし合わせて評価を行うことによって，教師の主観が入りにくくなり，客観的で分析的な評価を実現しやすくなります。評価規準は学校や学年で検討し，どのような状況を「b」とするかを明らかにするとともに，「十分満足できる」状況（a），「努力を要する」状況（c）についても共通理解を図り，評価の信頼性と妥当性，客観性を高めることが大切です。また，学習評価に学校全体で取り組んでいることを保護者に伝え，評価が教師一人の主観によるものではないことを理解していただくことは，学校と保護者が協力して児童の学習の質を高めることにつながります。

③評価場面を適切に設定する。

教師が評価に労力を割かれ，指導が疎かになってしまわないために，評価場面を精選することは大切です。つまり，評価場面を精選し，指導したことが児童に身に付いているかどうかを，計画的かつ効率的に把握し，指導を充実させることこそが重要であるということです。評価場面の設定のポイントを次項で詳しく紹介します。

2 評価場面を適切に設定する

We Can! 2 Unit 1

観点 時	知・技	思・判・表	態度
1			
2			
3			
4			
5	話すこと［発表］	話すこと［発表］	
6			
7	**書くこと**	**書くこと**	
8	話すこと［発表］	話すこと［発表］	

自分のことをよく分かってもらうために，ペアになり，好きなスポーツ，動物，教科，季節，食べ物や誕生日などを話す活動

自分のことをよく分かってもらうために，相手を替えて複数回，好きなスポーツ，動物，教科，季節，食べ物や誕生日，できることなどを含めて自己紹介をする活動

We Can! 2 Unit 2

観点 時	知・技	思・判・表	態度
1			
2			
3			
4			
5			
6			
7		**書くこと**	**書くこと**
8	話すこと［発表］ **書くこと**	話すこと［発表］	話すこと［発表］

相手によりよく分かってもらえるように，日本の行事や食べ物など，紹介したい日本の文化について，その名称や特徴などを表す語句を書いてポスターを作る活動

これまで書き溜めてきたワークシートやポスターを参考に，日本の文化を紹介する文や表現を新しいワークシートに書く活動

出典：「『指導と評価の一体化』のための学習評価に関する参考資料」第3編　事例3（国立教育政策研究所，2020年）

学習指導要領は，全ての児童に対して指導すべき内容を示す基準であり，全ての児童に身に付けさせたい目標です。このことは，学級の児童全員が目標に示されている資質・能力を身に付けることを，指導者には，単元末や学期末等において，児童全員の総括評価が少なくとも「おおむね満足できる」状況（B）になることを目指して指導することが求められていると言い換えることができます。評価規準や児童の実態，教材等を踏まえ，記録に残す評価を計画的に実施し，適宜，学習と指導の改善を図るようにすることが大切です。

上記は，「学習評価の参考資料」第3編の事例3から評価場面を抜き出し，表にまとめたものです。Unit 1の8時間目の「話すこと［発表］」の「知識・技能」「思考・判断・表現」の評価場面を先に確認してください。自分のことをよく分かってもらうという目的のために，様々な言語材料を活用して自己紹介をする活動が設定されています。このような高度な学習活動において児童が「おおむね満足できる」状況（b）になるために，第1～4時まで指導を積み重ね，第5時で学習状況を見取り，その評価に基づいて個別にサポートを行うことができるようにしています。「書くこと」についても同様です。第8時に，これまで書き溜めてきたワークシート等を参考に文や表現を書く活動において，児童が「おおむね満足できる」状況（b）になっているために，第7時で語句を書き写す学習活動において，児童が語順を意識して書くことができているかどうかを見取り，学習の改善を図ります。

なお，「主体的に学習に取り組む態度」の評価場面がUnit 1には設定されていないことにも着目してください。前述のように，この観点は児童が自己調整を図りながら学習に粘り強く取り組んでいる状況を評価するものであり，そのような資質・能力が育成されるのには時間が掛かることから，このように複数単元をまたいで評価場面を設定することが考えられます。

こうした手順で児童の学習改善を積み重ねていくことによって，自ずと教師の指導力が高まっていくと思われます。児童を「できるようにする」評価を実施し，教師の指導力をより確かなものにしていき，外国語科の指導と評価に自信をもって取り組んでいくことができるようになることを期待しています。

09 評価の総括と外国語活動の評価

まんが　評価を指導に生かすために

ということは，
カコン
評価規準に示した各観点に対応する資質・能力が子供たちにきちんと身に付いている，と考えられる活動を評価場面にする必要がありますね。
……!
そうですね。
つまり，新しい言語材料に出合わせてすぐに「知識・技能」や「思考・判断・表現」の観点から，記録に残す評価を行うことは適切とは言えないということです。
1時間目
使ってみよう!
2
こうかな？
こうかな？
3
おっ
4
こうかな？
あららら？
5
できた！
その調子！
6
こうしたらこうなる！
7
♪楽しい！♫
ぼくも楽しい！
そして，最終的に児童全員をbと評価することができるように，適切に評価場面を精選して，評価を通じて「学習と指導の改善を図る」ようにしていく，ということですね。
目標に照らし合わせて評価規準を作成し，観点ごとに子供たちの学習状況を適切な場面で，適切な方法で評価し，それを次の指導に生かしたり，個に応じた指導につなげたりして，全員を「できるようにする」ことが指導と学習のPDCAサイクルですね。
指導計画の作成
Plan
Do
計画を踏まえた授業の実施
Check
児童の学習状況の評価
Action
学習や指導の改善
次の単元の指導と計画，もう一度見直してみませんか？
はい!
熱海先生と新山先生……。
二人からはいろいろなことを教えられるわ。
私のこれまでの指導と評価はどうだっただろうか？
私も評価を下げないように計画を見直そうかな。
Checkして Actionです!

09 解説

学習活動に関し，観点別に把握した学習状況の評価の記録を基に，単元末や学期末，年度末の評価の総括を行います。総括の方法は様々ありますが，外国語教育の特質を踏まえれば，最終の評価場面の評価結果を総括評価に結び付ける方法が適していると考えられます。具体例を基にその方法を示します。また，最後に外国語活動の評価のポイントを整理して示しました。

1 評価の総括

評価観点	知識・技能			思考・判断・表現		主体的に学習に取り組む態度	
評価場面	第４時 指導者の話を聞く活動	（第５時） （【W&T-5】）	本単元における評価	第５時 【W&T-5】	本単元における評価	第５時 【W&T-5】	本単元における評価
評価方法	行動観察・ワークシート記述分析	行動観察・テキスト記述分析		行動観察・テキスト記述分析		行動観察・テキスト記述分析	
評価規準	指導者の誕生日や好きなもの，欲しいものを聞き取っている。	相手の誕生日や好きなもの，欲しいものを聞き取っている。		相手のことをよく知るために，誕生日などについて短い話を聞いて，具体的な情報を聞き取っている。		相手のことをよく知るために，誕生日などについて短い話を聞いて，具体的な情報を聞き取ろうとしている。	
児童１	b	-	B	c	C	c	C
児童２	c	(b)	B	b	B	b	B
児童３	b	-	B	a	A	a	A

出典：「『指導と評価の一体化』のための学習評価に関する参考資料」第３編 事例１（国立教育政策研究所，2020年）

毎時間の授業において，学習指導要領の目標に照らし合わせて観点別に学習状況を評価した記録を基に，単元末，学期末，年度末などの節目ごとに評価の総括を行います。総括の方法は多様にありますが，外国語科が言語を習得するという学習である特質を踏まえれば，一度理解し，活用できるようになった言語材料について理解や活用ができなくなる，つまり「おおむね満足できる」状況（b）から「努力を要する」状況（c）になることは考えにくいと思われます。そのため，評価場面を重ねるたびに改善が図られていき，最後の評価場面での評価と総括評価とが強く結び付いているものだと考えられます。指導者には，児童が目標となる資質・能力を身に付け，総括評価で「おおむね満足できる」状況（B）になるように，学習と指導改善を図ることが求められます。

上記の表は，「学習評価の参考資料」に掲載されている事例１「聞くこと」の評価の総括です。児童２の「知識・技能」について，第４時に「努力を要する」（c）状況と評価されたため，指導者が指導の改善を図り，児童が学習改善を図ることができたかどうかを確かめるために，第５時で再度評価を行なっていることを読み取ることができます。

各学期末や年度末には，観点別学習状況の評価を総括して「評定」を算出します。評定は指導要録に記され，次年度以降の学習への円滑な接続のための資料や，児童生徒の学習証明の原簿として活用されます。また，多くの学校で，評定は児童や保護者に学習状況を連絡するための通知表に記載されます。保護者と学校が協力して教育にあたるために，児童のよさや変容，学習上の課題等を具体的に伝えることが必要です。それにより児童自身が自分の成長やつまずきを確かめ，新たな学習への意欲を高めることにつながります。

このような学習の質を高める好循環を生み出すためには，教師が学習の目標と評価の方針を保護者や児童に伝えて共通理解を図り，児童が主体的に学習に取り組むことができるようにすることや，評価への信頼性を高めることが大切です。また，学校においては，教師間で評価基準や評価の総括方法などを統一し，信頼性と妥当性，客観性のある評価を実施することが求められます。

繰り返し述べてきたように，評価は指導したことが児童に身に付いているかどうかを確かめ，学習や指導の改善を図るために行うものです。教師は，目標に向かって指導をしている中で，絶えず児童の学習の状況に目を配り，児童に力が付くように指導を見直したり，個別に支援をしたりしているはずです。目標に向かって指導していれば，自ずと学習評価につながります。必要以上に身構えることなく授業に取り組んでいただきたいと思います。

2 外国語活動の評価

外国語活動の評価は，数値ではなく文章の記述によって行うものであることを除き，外国語科と同じように，目標に準拠して行い，それを基に児童の学習改善や指導者の指導改善を図るものであることに変わりはありません。２年間を見通して資質・能力をバランスよく育成するために，観点別に学習状況を評価する時期や場面を精選して計画を立てること，目標に照らし合わせて領域ごとに各観点の評価規準を設定して評価を行うことなど，外国語科の評価とおおむね共通しています。とはいえ，外国語活動で初めて英語に触れる児童が多いことから，指導のみならず評価においても，児童が間違いを恐れずに英語を用いてコミュニケーションを図ることに慣れ親しむことができるようにするための配慮が大切です。次に大事にしたいポイントを示します。

- 「知識」とは，実際に英語を用いた言語活動を通じて，**体験的**に言語を用いて主体的に**コミュニケーションを図ることの楽しさや大切さを知る**こと，**日本と外国の言語や文化について理解する**ことを指します。
- 「技能」では，「聞くこと」「話すこと［やり取り］」「話すこと［発表］」の目標に示されているように，自分のことや身の回りのことについて，簡単な語句や基本的な表現を聞き取ったり，質問したり答えたり，話したりすることに**慣れ親しんでいる状況**を評価します。
- 「思考・判断・表現」については，コミュニケーションの目的や場面，状況などに応じて，身近なことを表す簡単な語句や基本的な表現を聞き取ったり，相手と考えや気持ちをやり取りしたり話したりする状況を評価します。
- 「主体的に学習に取り組む態度」は，外国語の背景にある文化に対する理解を深め，相手に配慮しながら，主体的に外国語を用いてコミュニケーションを図ろうとする状況を評価します。
- 外国語活動では，目標に外国語の音声や基本的な表現に慣れ親しませることを掲げています。そこで，言語活動の評価は，**簡単な語句や基本的な表現を用いて相手のことを知ったり，相手に自分のことを伝えたりするための関わり合いを重視**して行います。「コミュニケーションを行う目的や場面，状況などに応じて」は，扱う言語材料が限られていることから，相手に自分のことを分かってもらうためにゆっくり話したり，繰り返したり，動作を交えたりして工夫を行うことも含みます。
- 文字の学習については，「技能」において，文字の読み方が発音されるのを聞くことに慣れ親しんでいる状況を，「思考・判断・表現」において，コミュニケーションを行う目的や場面，状況などに応じて文字の読み方が発音されるのを聞いて，どの文字であるかが分かる状況を評価します。

なお，指導要録の「外国語活動の記録」は，これまで観点別に設けられて記述欄が一つにまとめられ，「評価の観点に即して，児童の学習状況に顕著な事項がある場合にその特徴を記入する等，児童にどのような力が身に付いたのかを文章で端的に記述すること」となりました。そこで，外国語活動においては，１年間の授業の中で，評価規準に沿って児童の成長や変容をメモとして記録に残し，蓄積しておくことが求められます。

10 外国語を学習する意義

まんが　外国語教育が子供たちの「世界」を広げる

10
解説

外国語活動・外国語科で育成を目指す資質・能力は，どのようなものだと考えますか。「なぜ小学校で外国語を学ぶのか」「どんな力が身に付くのか」を考えることは，自分の指導観を確かにすることにつながります。外国語学習が育成を目指しているのは英語を聞いたり話したり，読んだり書いたりするスキルだけでしょうか。

これまで外国語活動・外国語科が創設された背景から，指導と評価のポイントまでを紹介してきました。これから外国語の指導と評価に取り組むその前に，先生方に考えていただきたいことがあります。それは「何のために小学校で外国語を教えるのか」「外国語教育で児童にどのような力が付くのか」ということです。

私たちは，日々，様々な人々と言葉を用いて考えや気持ち，情報などをやり取りし，共通理解を図りながら生活をしています。また，新たな知識を得たり，思考してそれらを理解したりする際にも言葉を用いています。筋道を立てて考えるのにも，自分の思いや感情を意識化するのにも，他者とコミュニケーションを図るのにも，言葉の力が必要です。ところが，普段はこのような言葉の働きを意識することはほとんどありません。言葉の力を付けるためには，自分が言葉をどのように使っているか，目的や場面，状況，文脈などによって言葉はどのように変わるのかなど，言葉そのものについて考える場を充実させることが必要です。筆者は，多くの子供たちにとって母語ではない外国語，英語に出合う外国語活動・外国語科が，その場の充実に資するものであると考えています。

Do you like dogs?と尋ねて，相手からYes, I do.　I like dogs.と返ってきたら，「自分の伝えたことを相手に理解してもらえた」とうれしくなる。What sport do you like?と尋ねられて，I like badminton.と答えることで，普段は話題にしたことがない自分の得意なことを相手に知ってもらえるとうれしくなる。もし相手からI like badminton, too.と返ってきたら，相手の知らなかった一面が分かり，バドミントン好きの友達が増え，コミュニケーションをすることの楽しさを感じるでしょう。

新任のALTを歓迎するために，自分たちの地域のよいところやおすすめの施設や場所を紹介する言語活動が設定されていたとします。これから地域で生活するALTのために何をどのように伝えたらいいかを考え，それを伝えるためにどのような言語材料を用いるかを考え，友達とやり取りをしながら考えを整理し，カードを完成させる。どんな言葉を使って，どのように表現しようかと考える。完成したカードをALTに読んでもらえると，工夫してよかった，伝えられてよかったと思うでしょう。このように，外国語を学習することは，言葉によるコミュニケーションの楽しさや大切さを感じたり，体験的に言葉の機能を理解したりすることにつながると考えます。

また，英語と日本語は，発音や文字，文構造，文法が違います。日本語では家族を表す際に兄，弟，姉，妹を区別しますが，英語はbrother，sisterの１単語だけで年齢の違いを表すことはしていないというように，直訳できない言葉が存在します。外国語を学習することは，ただ言葉やその使い方だけではなく，自分たちのルールや考え方が通用しない世界，自分や自分の周囲とは異なる文化や価値観があることを知ることでもあります。英語を学ぶことは，子供たちに新しいチャンネルを増やすことに他ならないと筆者は考えます。

ICT技術の発展に伴い，誰もが容易に世界中の人々とコミュニケーションを図ることができるようになった社会では，言葉によるコミュニケーションや，自分と異なる背景や価値観をもつ人と伝え合おう，理解し合おうとする態度は，ますます重要性を増してくることと思います。小学校における外国語教育は，子供たちが外国語を通じて言葉そのものと向き合い，他者と理解し合うために外国語を用いてコミュニケーションを図る力を身に付けていく，その入り口を担っていると考えます。小学校の先生方には，その大切な時期を任されていることに誇りをもって，外国語教育に取り組んでいただけたらと思います。

第 2 章

キーワードで読み解く小学校外国語教育

01 カリキュラム・マネジメント

仙台市立富沢小学校は，平成28，29年度の２年間，仙台市教育委員会認定自主公開校，仙台市小学校英語教育推進モデル校，平成30年度から仙台市英語教育推進拠点校の指定を受け，学校全体で外国語活動の研究に取り組んだ。研究初年度の12月に「幼稚園，小学校，中学校，高等学校及び特別支援学校の学習指導要領等の改善及び必要な方策等について（答申）」が提示されてからは，現行学習指導要領改訂が全面実施となる令和２年度までに全ての教師が外国語活動，外国語科の指導ができる力を身に付けることを目指した。本稿では，カリキュラム・マネジメントの視点から学校独自の取り組みを紹介する。

1 校長の役割――「チーム学校」の運営に欠かせないこと

小学校学習指導要領第１章総則第５の１において，カリキュラム・マネジメントの必要性は以下のように示されている。

> ア　各学校においては，校長の方針の下に，校務分掌に基づき教職員が適切に役割を分担しつつ，相互に連携しながら，各学校の特色を生かしたカリキュラム・マネジメントを行うよう努めるものとする。（略）

学校全体としての取り組みを実施する上で最も大切なことは，校長が児童や学校，地域の実態等を踏まえ，目標を達成するための方針を示すことである。組織体制，研修の計画作成，学校施設の整備，毎時の授業など，その学校における外国語教育に関わる全てがその方針の下に行われるからだ。本実践では，全ての教師の外国語教育の指導経験が浅いことから，方針を「『研修の充実』と『学級担任，ALT，専科教員の３人指導体制』により，教師一人一人の指導力を高める」と策定した。

研修の充実に当たっては，文部科学省教科調査官（当時）や英語教授法を専門とする大学教授など，外国語教育の専門家を外部講師として招いた。そして，各講師は複数回招へいし，教師が成長を確かめたり，目標をより高くして持続的に向上心をもったりすることができるようにした。また，学校外の人と関わり，共に成長し，研究に協力してくれる仲間を増やすことをねらい，市の教育委員会，教育センターの指導主事に依頼し，日常的に指導，助言をいただける環境を整えた。

さらに，各教師には講習会や研究発表会等へ積極的に参加するよう促した。立場や考え方が違う人から刺激を受け，一人一人が考えを発展させせることが大切だという思いからである。

同じ理由で，学級担任，ALT，専科教員の３人による指導体制を基本とした。チームになることで，一人一人が得意なことを生かしやすくなり，他の人の得意から学び，苦手を克服していくことができる。身近に励まし合い，相談できる仲間がいることは，安心して新しいことに挑戦しようとする意欲をもつことができるというメリットもある。本物のコミュニケーションの機会を増やす必要があることに気付き，学校独自の取り組み「Tomilish Time」，「Tomilish Day」を企画し，全員で試行錯誤を重ねていったことも，教師間の連携や授業力の向上につながったと思う。

一人一人に指導力や指導観が確立された頃から，学び合って成長する力をさらに高めるため，校内の研究授業を増やした。経験を積むごとに自信を付けていく教師の姿が見られた。

平成29年改訂小学校学習指導要領は令和２年に全面実施となり，本実践時とは状況は変わってきている。働き方改革や専科教員の導入が推進されてもいる。深い児童理解に基づき，言語活動を通して外国語によるコミュニケーション能力を育成することを目標としている外国語活動，外国語科の指導体制をどのように確立するのか，校長の方針に全てが任されている。

商店街は一軒一軒の個人商店がにぎわうことで活気付く。学校も同じで，教師一人一人が個性を発揮し，活躍することで学校全体の取り組みが充実し，児童の学習がより豊かになると考える。校長の仕事は，そのために人と人，人と地域や組織をどのようにつなぐのかを考え，実現することである。しかし，それだけでは「チーム学校」は機能しない。全ての教師に繰り返し伝えたのは「まずやってみよう」であった。教師を信じ，任せ，認めることが大切だと考えるからこそである。

2 組織の整備――教師の「やる気」が生まれる体制作り

外国語教育の目標を達成するためには，校長の方針の下，各教師が目標を達成するための役割を適切に分担し，家庭や地域，外部機関と協力関係を築き，推進体制を確立する必要がある。本校では，児童や教師の実態を踏まえ，教師の指導力の向上，児童の学習環境の整備を重点として「授業研究部」「Tomilish Time推進部」「カリキュラム作成部（３年目以降は「環境整備部」）」の３部会を設置した。

「授業研究部」は，教師が学年や教科等の枠組みを超えて指導改善に取り組むための組織で，児童の実態を把握するためのアンケート調査の実施や指導案の検討，研修の準備等を担当した。

「Tomilish Time推進部」は，毎週１回，始業前の15分間，全校で行うコミュニケーション活動「Tomilish Time」の計画，準備，実施を担う部会である。学校独自の取り組みで，作業負担が多いため専門部会を設置した。

「カリキュラム作成部」は，全体計画や年間指導計画の作成，教材の開発や管理などを担当する部会である。研究３年目に行った組織の見直しによって，児童が外国や日本の言語や文化への関心を高めるための掲示物の作成や，教材類の作成，管理など，学習環境を整備するための「環境整備部」へと発展した。

また，市の教育委員会，教育センターや地元の国立教育大学と連携を図った。必要なときに専門的な指導や助言が得られる体制となり，研究の強力なサポートを得られた。

本実践の組織の特長には，ALTと専科教員が学校所属であることを生かし，学級担任，ALTと専科教員の３人のチーム制を導入し，各学級の言語活動の検討や指導計画の作成等を行ったことも挙げられる。各教師がそれぞれの強みを生かし，幅広い視点で授業を練り上げることができ，苦手を補い合いながら指導力を高めることにつながった。

組織図

※２年目までは「カリキュラム作成部」

組織作りは「仲間作り」である。日常の教育活動の多くを一人で担う学級担任は，構造的に悩みを抱え込みやすい。そして，多くの学級担任にとって，指導経験が浅い外国語教育は挑戦の連続であり，不安が解消されないままでは，やってみようとする意欲がしぼんでいってしまう。仲間や指導助言者がいることで，新たな視点からうまくいかない原因を探ったり改善策を見つけたりすることができ，前向きな気持ちが生まれる。教師が前向きに取り組むと，授業が充実し，児童の学習が豊かになる。外国語教育の確実な実施には，教師が「やってみよう」という気持ちが生まれる組織の整備が必要不可欠である。

3 研修の実施——
全教師が外国語を指導できることを目指した研修の工夫

現行学習指導要領に示された小学校外国語教育の最終的な目標は「コミュニケーション能力の基礎を育成すること」である。

私たち教師が中学生の頃に受けた英語の授業は，指導者主導で，英語の文法や構文等に関する知識の伝達に重きが置かれ，ドリル的な学習が中心の授業が多い傾向にあった。外国語の習得に関する様々な研究が発展するにつれて，求められる授業のあり方がより実践的なものへと変わってきている。そこで，各学校においては，全ての教師が第二言語習得理論や英語の音声学など，英語指導に関する新しい専門知識を学び，学習指導要領の趣旨を理解し，指導計画の作成や授業実践に取り組むことができるようにするために，校内研修を行う必要がある。その実施に当たって注意すべき点として，次の三つを挙げたい。

一つは，研修のニーズに関する個人差が大きいことである。英語に苦手意識があって負担感をもっている教師がいる一方で，低学年の担任や他教科等の専科教員など，研修の必要性をあまり感じていない教師もいる。そこで，初期の研修では，全教師が参加し「楽しい」「自分にもできそう」「やってみたい」と実感できる体験型や，授業参観型で行うことを勧めたい。

次に，追求すべき「楽しさ」の質である。教師の多様な研修ニーズに応える上で，「楽しさ」は重要な要素の一つである。英語を使ったゲームは，勝敗を競ったり体を動かしたりすることによって，英語を言うことへの不安感を軽減し，楽しく語彙や表現に慣れ親しむためには効果的である。しかし，そのことを体感するだけでは，外国語教育の目標を達成するための指導力を育成することはできない。教師自身が「自分のことが伝わったうれしさ」や「相手のことを知る喜び」を味わうことができる言語活動を体験することが必要である。それによって，各教科等の学習内容や児童の日常生活の様子と関連付けた場面設定の大切さや育成を目指す資質・能力を理解し，授業構想を具体的にイメージすることができるようになる。

もう一つは，授業参観の視点である。実践的な指導力の向上には，相互の授業参観や模擬授業の実施が有効である。その際，参観する教師に児童の発話の内容や活動する姿を記録するように伝えておきたい。事後の検討会では，その記録を基に「生き生きと伝え合っていたのはなぜか」「なぜ言葉を選んで話すことができたのか」「予想ほど児童が話さなかった原因は何か」などを考察する。すると「慣れ親しみは十分だったか」「言語活動の目的や場面，状況などは明確だったか」など，指導のポイントが浮かび上がってくる。また，目指す児童の姿が具体的になるため，指導改善の手立てを見いだしやすくなる。なお，検討会では，グループ討議の進行係を輪番にするとよい。全体を俯瞰し，意見を整理する役割を果たすことで，外国語教育についての体系的理解や授業を構成する力の向上が期待できる。

指導力を高めるためには，教師同士で研修を行うだけでなく，教育委員会や教育センター，地元の大学等と連携して講評をいただいたり，外部の講習会，公開授業等を参加したりすることも欠かせない。多様な価値観に触れることで，見識を広げ，授業力をさらに磨くことができる。このように様々な関わりをもつことで，必要なときに助け合える人間関係を作ることも，研修の大切な目的の一つと言える。

4 指導体制と環境整備――教師も児童も学び合うための工夫

❶学級担任，ALT，専科教員でのティーム・ティーチング

本校では，学級担任，ALT，専科教員の３人で指導計画を作成し，授業を行っている（時間割の都合等で，学級担任とALTの２人体制のこともある）。ティーム・ティーチングの利点には，一人一人の強みを生かして創意工夫のある授業を展開できることや，複数の指導者が分担して指導や観察することで児童にきめ細かな対応ができることなどが挙げられる。その利点を生かした授業の実現には，役割分担を明確にした指導計画が必要である。以下の表に，本校における外国語教育に関わる指導者のそれぞれの役割を簡単にまとめた。

学級担任，ALT，専科教員の主な役割

種類	主な役割
学級担任	・児童の日常生活の様子や各教科等における学習状況を把握しており，児童観察に基づいて進度や難易度の調節，的確な指名等，きめ細かな配慮をしながら教育活動を主導し，進める。 ・指導計画や指導案の作成においては，他教科等の学習内容や地域や学校の行事等，児童の実態に合わせた効果的な指導の手立てを考える役割を担っている。
ALT	・児童にとって，学習した言語材料を活用して伝え合うことができる最も身近な相手であり，「英語で伝えたい」意欲を喚起する。 ・英語を活用する能力が高く，学級担任，専科教師，児童とのやり取りを通じて，自然な英語表現を児童に聞かせることができる。 ・自国の生活や文化を紹介し，児童に外国と日本の文化の共通点や相違点について体験的な理解を促すことができる。
専科教員	・英語教育の専門的な知識を備え，英語でコミュニケーションを図る技能を身に付けており，授業中では ALT と同じように英語の手本を示すほかに，ALT と学級担任教師，ALT と児童とをつなぐ役割を担う。 ・ALT 同様に英語の専門家である専科教師が児童の活動の様子を観察しながら賞賛したり助言したりすることで，児童の活動意欲を高めることができる。 ・全学年の指導内容を熟知し，学習の系統性を理解している。

コミュニケーション能力の素地／基礎の育成を目標としている外国語活動・外国語科の授業では，学級担任教師とALT，専科教員とALTが英語で会話をする姿を見せ，児童に意味のある本物のやり取りを聞かせることが大切である。また，児童にとって「ALTに英語が通じる」体験は学習意欲を高めるため，ALTと児童が１対１で会話をする機会を十分に確保したい。

ALT，専科教員は，学級担任にとって外国語活動，外国語科の授業を作り上げる仲間である。指導案の作成時に使用する英語表現に誤りがないかを確認してもらったり，各々の役割分担を確認したりするだけでなく，児童に学習内容に興味をもたせるための工夫について相談するなど，個々の知識や得意を生かしてよりよい授業を実現させるために協力し合うことが大切である。

❷教材の工夫

①異文化への興味や理解を促す掲示物

現行の学習指導要領では，外国語活動・外国語科の目標の冒頭に「外国語によるコミュニケーションにおける見方・考え方を働かせ」という文言が付いている。このことについて，平成28年中央教育審議会「幼稚園，

小学校，中学校，高等学校及び特別支援学校の学習指導要領等の改善及び必要な方策等について（答申）」において，次のように示されている。

> 外国語で表現し伝え合うため，外国語やその背景にある文化を，社会や世界，他者との関わりに着目して捉え，コミュニケーションを行う目的や場面，状況等に応じて，情報を整理しながら考えなどを形成し，再構築すること。

たとえば，「Let's Try! 1」のUnit 4で紹介されているように，日本では「虹」は一般的に7色と認識されているが，アメリカやイギリスなどでは6色，ロシアでは「人によって違う」とされている。このように，同じ言葉でも，背景となる文化が違えば意味が異なることがある。外国語を学習し，外国語を用いてコミュニケーションを図る資質・能力を育成するためには，自分とは違う生活様式や習慣，ものの考え方があることを知ることが欠かせない。

小学生という発達の段階では，児童の生活に身近な食べ物や行事などを題材として，文化や習慣等の多様性に目を向けられるようにすることが大切であると考える。

本校では，日常生活の中で文化の多様性を学習できるよう，カリキュラム作成部（現在は環境整備部）を中心に，ALTの協力を得ながら教師が分担して環境整備に取り組んでいる。カラフルな掲示物は校内を明るく演出し，児童が足を止めて見たり，内容について友達と話し合ったりする姿が見られる。来校者からの評価も高い。掲示物の作成は「異文化や外国語教育を楽しく学ぶことができる機会」と教師間でも好評である。以下にその例を示す。

掲示物の工夫の例

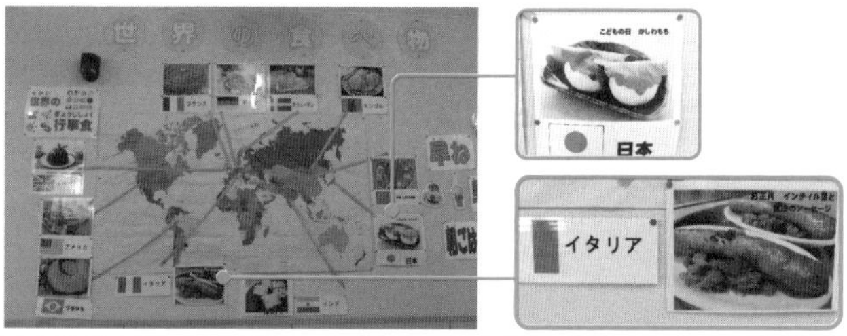	**世界の食べ物** **【場所】給食室前** 世界の行事食を世界地図と写真を使って紹介している。掲示場所は，児童は下膳時に必ず通ることから給食室前とした。
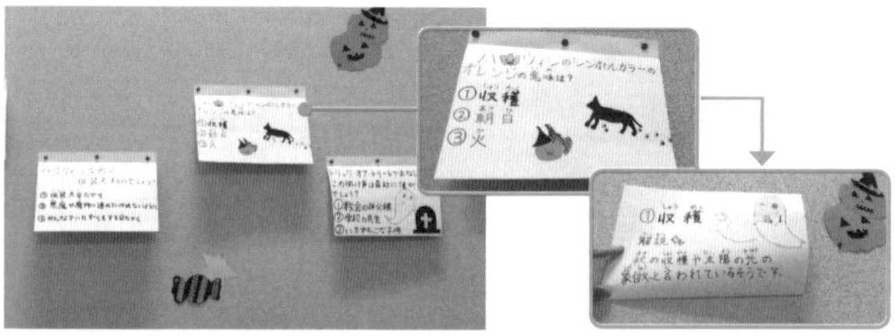	**世界の行事（例はハロウィン）** **【場所】階段の踊り場** 毎月，その月にちなんだ世界の行事を紹介する掲示物を，児童が作成している。多くの児童が通る階段の踊り場に掲示している。
	**校舎案内図，自校の外国語教育の取り組み紹介** **【場所】昇降口** 校舎案内図に学校施設の英語を表示している。来校者向けの自校の実践紹介の掲示物を児童にも分かりやすく工夫し，学習への興味や期待などを喚起している。

②児童に分かりやすく，楽しく学べる絵カードの工夫

音声指導を重視する小学校の外国語教育において，絵カードは最も使用頻度が高い教材である。その利点は，言葉の意味を表す絵や写真をたよりに，日本語を介さずに発音と意味とを結び付けさせ，直感的な理解を促すことができる点である。

小学校で扱う言語材料は，簡単な語句や基本的な表現に限られ，初出以降も学年を超えて何度も登場するという特徴がある。使用頻度が高い語句については，絵カードを作成し，必要なときにいつでも取り出して繰り返し活用できるようにしておくと便利である。本校では，試行錯誤を経て，基本サイズをA4判に統一し，つやなしマットタイプのラミネート加工をして裏面にマグネットを貼り付けることにした。カテゴリーや単元で分別して書類ケースに収納し，教師間で共有できるようにしている。単元や学年を超えて同じ絵カードを繰り返し活用することは，既習の学習や体験を生かし，より深い理解を促すことができ，有効である。

絵カードの例

児童が見通しをもって学習に取り組むことができるよう，小型のホワイトボードに学習過程を表示し，マグネットで学習中の活動が分かるようにしている。

複数の学年において毎時間の導入で行っている天気，曜日，月日，時間を尋ねたり答えたりするやり取りには，共通の絵カードを活用している。

絵カードの絵は，前の学年で活用したものを流用している。

黒板に文字を書くときは，児童が文字の高さや形を意識できるように4線シートを使い，単語間のスペースが分かるように書く。また，文構造を視覚的に捉えられるよう，単語の役割で色チョークを使い分けている（He/Sheは赤，canは黄色）。

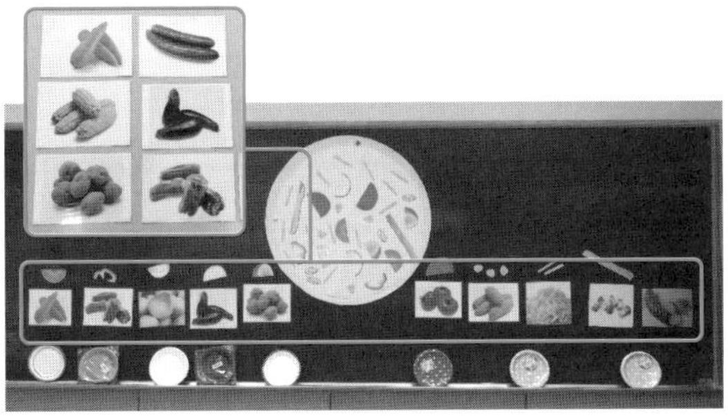

2年生では，生活科でミニトマトなどの野菜を栽培していることから，野菜のカードに写真を使用した。児童は「自分たちが育てている野菜だ」と喜び，積極的に学習に取り組んだ。絵より実物のほうが体験と知識とを結び付けやすい。児童の日常生活，他教科等の学習や活動と言語材料との関連をより効果的に図るよう工夫している。

5 実際に英語を用いてコミュニケーションを図る場の充実 ——Tomilish Time, Tomilish Day

外国語教育を進める上で，児童が実際に英語を使ってコミュニケーションを行う言語活動は重要な学習活動である。本校では，その充実を図るために，教科等や学級，学年の枠を超え，同じ学級の友達以外の人と英語でやり取りをする場を設定している。一つは始業前の15分間を活用する「Tomilish Time」，もう一つは市内中学校に配属されているALTを招いた交流イベント「Tomilish Day」である。

❶全校で取り組む短時間学習「Tomilish Time」

「Tomilish Time」は，始業前の15分間の朝活動を活用し，週1回全校で実施している外国語の短時間学習である（Tomilishは学校名のTomizawaとEnglishを掛け合わせた造語）。これは，既習表現や対話の続け方などを学習することを目的とした言語活動Small Talkの異学年交流版と言える。その主なねらいは次の4つである。

- 外国語に接する機会を増やす。
- 学級から同じ学年の他学級，他の学年へとコミュニケーションの対象を広げ，相手意識をもち，目的や場面，状況などに応じて伝え方を工夫する力を育てる。
- 言語活動を通して，自分のことを知ってもらったり相手のことが分かったりする喜びを味わい，主体的にコミュニケーションを図ろうとする態度を育成する。
- 学習の系統性と連続性を重視して全校で取り組み，学習の定着を促す。

計画と実施は，研究主任，ALT，専科教師と各学年の学級担任1名ずつで構成した「Tomilish Time推進部」が中心となって行う。基本的に年間35回を5，6回ずつのタームに区切り，各タームに課題を設定する。課題は，外国語教育の学習内容との関連や，取り扱う言語材料の系統性などに留意して決める。学校全体の異学年交流をゴールとする「全校Tomilish Time」が中心だが，課題に合わせて2学年ごとの「学年部Tomilish Time」を実施することもある。これまで行った課題の例として，平成31（令和元）年度の実施計画を示す。

平成31（令和元）年度 Tomilish Time 実施計画（全35回／6ターム）

<table>
<tr><th>ターム</th><th>月</th><th>種類</th><th>回</th><th colspan="2">課題</th></tr>
<tr><td>1</td><td>4～6</td><td>全校</td><td>5</td><td colspan="2">仲よくなるために，挨拶をして名前を知ろう。</td></tr>
<tr><td>2</td><td>6～8</td><td>全校</td><td>6</td><td colspan="2">仲よくなるために，好きな果物が一緒の仲間を見つけよう。</td></tr>
<tr><td rowspan="3">3</td><td rowspan="3">9～10</td><td rowspan="3">学年部</td><td rowspan="3">6</td><td>低学年</td><td>“Hello Song”を歌って，挨拶しよう。</td></tr>
<tr><td>中学年</td><td>仙台の食べ物の人気調査をして，ALTの妹に紹介しよう。
“What Sendai food do you like?”</td></tr>
<tr><td>高学年</td><td>5年生に修学旅行でおすすめの場所や食べ物を伝えよう。
“What do you like in your school trip?”</td></tr>
<tr><td>4</td><td>10～12</td><td>全校</td><td>6</td><td colspan="2">仲よくなるために，好きなスポーツが一緒の仲間を見つけよう。</td></tr>
<tr><td rowspan="3">5</td><td rowspan="3">1～2</td><td rowspan="3">学年部</td><td rowspan="3">6</td><td>低学年</td><td>動物ジェスチャークイズ～数を聞いて集合しよう。</td></tr>
<tr><td>中学年</td><td>お年玉で何が欲しいかを聞いてみよう。
“What do you want?”</td></tr>
<tr><td>高学年</td><td>同じスポーツが好きな人で集まって話そう。
“What sport do you like?”，“Who is your hero?”</td></tr>
<tr><td>6</td><td>2～3</td><td>全校</td><td>6</td><td colspan="2">仲よくなるために，好きなスポーツが一緒の仲間を見つけよう。</td></tr>
</table>

「全校Tomilish Time」は，学年を超えた児童同士の交流活動であるため，学校行事や年中行事，社会的な話題など，どの学年の児童でも関心をもちそうな事柄の中から，思いや気持ちを表現できそうな題材を選ぶ。その上で題材について「自分と同じものが好きな仲間を見つけよう」のように，コミュニケーションを図る目的を設定する。1年生には難しすぎ，6年生には簡単すぎることのないよう，児童が「伝え合えてよかった，楽しかった」と思えるような課題を設定することが大切である。実施に当たっては，外国語活動，外国語科の言語活動と同じように，指導者によるデモンストレーションによって活動の内容や目的を知ることから始める。そして，コミュニケーションの対象を同じ学級の児童，同じ学年の児童，全学年の児童へと段階的に広げる。各タームの流れは次の通りである。

「全校 Tomilish Time」各タームの基本的な構成

ターム	活動のねらい（やり取り）	内容
1，2	**場面設定の共有** （指導者と児童）	・校内放送システムを利用し，ALTと専科教師がコミュニケーションの課題（目的や場面，状況など）を提示しながらやり取りの例を実演してライブで放送する。 ・児童は各学級でそれを視聴し，学級担任と簡単なやり取りをして，課題について共通理解を図る。学級担任は，必要に応じて補足説明を加えたり，どのような語彙や表現が使われているのかに注意を向けられるようにしたりして児童の理解や思考を促す。 ・児童の興味を持続させるために，1回目，2回目では変化を付ける（例えば，「新しい先生の好きなものを知ろう」を話題とした場合，先生を交代するなど）。
3	**学級での交流** （指導者と児童，児童同士）	指導者と児童で数回やり取りをしたあと，児童同士で自由に相手を選んでペアワークを行う。
4	**学年での交流**（児童同士）	学年ごとに集まり，児童同士で自由に相手を選んでペアワークを行う。
5～	**学校全体での異学年交流** （異学年の児童同士）	全学年の児童が一堂に集まり，異学年の児童とペアワークを行う。できるだけ多くの学年の児童と交流できるよう，上学年の児童が進んで下学年に話し掛けるように促す。

一方，低学年，中学年，高学年の3部で行う「学年部Tomilish Time」は，対象学年を狭めていることから，対象学年の年間指導計画に即し，より細かに系統性を踏まえて活動内容を設定することができるという利点がある。そこで，ペアになる下学年の児童が直近で学習した語句や表現を実際に活用することができるように課題を設定している。ペアの上学年の児童にとっては，既習表現を繰り返し使用することができる機会になっている。

このように，Tomilish Timeで学級の枠組みを超え，多様な相手とコミュニケーションを図ることによって，児童が相手意識をもって質問を考えたり，言葉を選んだり，会話を続けようとしたりして工夫して話す力が向上した。また，英語を用いて相手のことを知ったり相手に自分のことを分かってもらったりすることの喜びを実感することができ，外国語活動，外国語科の言語活動が充実するようになった。

また，他教科等や日常生活における異学年の交流活動では意外と話し合うことがない話題について，定期的にやり取りする場があることによって，児童同士の人間関係が深まるという効果も得られた。さらに上学年の児童は，下学年の児童に率先して話しかけたり，会話を広げようとしたりする姿がよく見られ，リーダーシップの育成にもつながっている。

なお，指導者にとって，Tomilish Timeは実践を通して外国語活動，外国語科の目標や，その実現のために必要な知識を学び合う場である。また，課題の検討や児童の活動サポートは，学級や学年を超えた学校全体の外国語教育のカリキュラムについての理解を深めるとともに，教科横断の視点を生かした指導力を高めることにもつながっていると感じている。

❷市内中学校所属のALTと全校児童との交流行事Tomilish Day

Tomilish Timeの実施初年度の振り返りで，同じ学級の児童以外の人と英語でやり取りをすることが，コミュニケーション能力の育成や学習意欲の向上に寄与していることを確信した。そこで，市内中学校に所属しているALTをゲストティーチャーとして招き，全校児童と交流を深める行事「Tomilish Day」を開催することにした。幸いにも市の教育委員会，市内中学校校長の協力を得ることができ，平成29年度以降，毎年10月頃に開催している。

来校するALTは，校務等の兼ね合いから，例年30人程度である。当日は1日参観日とし，保護者に自由に授業を参観していただけるようにしている。保護者からは，児童の学習の様子が分かるだけでなく，海外の文化に触れることもできて楽しいと好評である。

「Tomilish Day」では，来校したALTに「全校Tomilish Time」や外国語活動の授業に参加してもらう。活動形態は，初めて出会うALTと英語でやり取りをすることで児童が感じる不安や緊張は小さくないだろうと考え，5人程度のグループでの交流活動が基本である。グループワークならば，言いたい英語が出てこないとき，ALTが言っていることが分からないとき，グループの仲間で助け合い，知恵を出し合うことができる。また，同じグループの友達を手本にすることや，友達から励ましを得たりすることができるため，英語に苦手意識のある児童も取り組みやすい。

具体的な活動内容の例を紹介するため，平成31（令和元）年度に行ったTomilish Dayの活動計画に示す。なお，低学年では，児童の発達の段階を踏まえ，保護者と一緒に外国の遊びに挑戦してみたり，伝統芸能を見たりする国際交流活動を実施している。

平成31（令和元）年度 Tomilish Day 活動計画

時程	内容	場所
1時間目	**オープニングセレモニー** ・全校児童でALTを迎え，“Welcome to Tomizawa.”の挨拶をした。 ・校長が全校児童に行事の主旨を説明し，ALTの紹介をした。	体育館
2時間目	**全校Tomilish Time：好きなスポーツが同じ人でグループを作ろう。** ・ALTを交え，1年と4年，2年と6年，3年と5年の異学年交流を行った。	特別教室（11室）
3～6時間目	**国際交流活動（1・2年），外国語活動（3～6年）** ・各学級にALTが加わり，単元末の言語活動を実施した。 ・低学年では，ALTが出身国の文化や遊び，言葉を紹介した。 ・中，高学年では6人グループに1名ずつALTが加わり，言語活動を実施した。	各教室

＊休み時間「一緒に遊ぼう」：児童がALTに声を掛け，校庭で一緒に遊んだ。

＊給食「一緒にランチ」：各教室にALTが入り，一緒に給食を食べた。

日常の授業では全ての児童にALTと一対一でやり取りをする時間を十分に確保することは難しいが，Tomilish Dayでは誰もが必ず一度はALTと話すことができる。児童は「ALTの英語が分かった」「ALTに英語が通じた」という体験から，学んだことが身に付いている実感や達成感を得ているようである。実施するたびに，児童から「緊張はしたけれど，楽しかった」「もっと英語が言えるようになりたい」などの感想が聞かれている。

このような成果は，ALTの多大な協力によって得られていると考える。ALTは英語指導のプロであるだけに，授業の準備が万端で，児童に易しく分かりやすく受け答えをしたり話し掛けたりすることができる。英語に苦手意識があり，普段はあまり活動に積極性が見られない児童も，楽しく聞いたり話したりしている。

Tomilish Day 外国語活動（3 年）の様子

初めて出会うALTを相手に，授業やTomilish Timeで学んできたことを活用し，自分のことを伝えたり相手のことを知ろうとしたりしている児童の姿からは，真に思考し，判断し，表現していることが感じ取れる。児童の振り返りシートの記述からは，その結果として主体的に学習に取り組む態度が育成されていることが分かる。Tomilish Dayの取り組みを通じ，児童が自身の成長を確かめたり学習意欲を高めたりするためには，「本物のコミュニケーションの体験」が大切であることを再認識している。日常の外国語活動，外国語科の授業においても，言語活動を工夫し，児童に確かな学力を身に付けさせていきたい。

また，多様な背景の人々とコミュニケーションを図る上では，自分たちとは異なる文化があることを認め，理解することが欠かせない。様々な国の人と交流できるTomilish Dayは，児童にとって，日常生活ではなかなか接することのない異文化に触れる絶好の機会である。

Tomilish Dayは，1年間の中で児童が最も生き生きと活動する姿が見られる行事の一つであり，その後の学習意欲の向上に確実につながる取り組みである。多くの方々の理解と協力を得ながら，今後も継続して実施していきたい。

前仙台市立富沢小学校校長　佐藤智則
仙台市立富沢小学校教諭　後藤恵子
仙台市立荒井小学校教諭*　加藤真由美
*実践当時は仙台市立富沢小学校教諭

02 言語活動を軸とした単元構成

学習指導要領において，外国語活動・外国語科の目標は「（略）言語活動を通して，コミュニケーションを図る素地（基礎）となる資質・能力を育成することを目指す。」と示されている。そこから読み取れるのは，外国語活動や外国語科では言語活動が学びの中心にあるということである。指導者に求められる様々な力の中でも，言語活動に係る指導力はとりわけ重要と言えよう。

本稿では，これまでの実践を踏まえ，初めに外国語活動と外国語科における言語活動について述べる。次に，その言語活動をどのように単元に位置付けるかについて記し，単元計画の作成，言語活動の指導の在り方，単元目標の設定について具体例を示して紹介する。皆様の指導力向上のヒントとなれば幸いである。

1 言語活動とはどのような活動か――言語活動の５つの条件

「小学校外国語活動・外国語　研修ガイドブック」（文部科学省，2017年）によると，外国語活動・外国語科における言語活動とは「実際に英語を用いて互いの考えや気持ちを伝え合う活動」である。これを踏まえ，さらに「小学校学習指導要領解説　外国語活動・外国語編」を確認すると，小学校外国語教育における言語活動とは，次の５つの条件が満たされているものと考えられる。

言語活動の５つの条件

①実際に英語を用いた活動であること
②互いの考えや気持ちを伝え合う活動であること
③コミュニケーションを行う目的や場面，状況などが明確であること
④児童が興味・関心をもてる身近な題材が設定されていること
⑤体験的な活動であること

①実際に英語を用いた活動であること

インタビュー活動やShow and Tell形式の言語活動について，「日本語でもできることを英語で行うことに意味はあるのか」と疑問を感じたことはないだろうか。言語活動の場面設定は，目的を達成するために英語を使用することを，いわば自明の前提としている。しかし，そのような場面が小学校に日常的に存在することはないし，ALTのように英語で話さなくてはならない相手が授業に参加している小学校の割合は，全国で７割を超えた程度である。「なぜ英語で？」と問われれば，「外国語活動・外国語科の授業だから」以外に答えはない。

ここで確認しておきたいのは，小学校の外国語教育は，英語のスキルだけでなく，英語によるコミュニケーション能力の素地や基礎を育成することを目標としていることである。

外国語活動・外国語科では，児童は不慣れな外国語の英語で相手と簡単には意思疎通を図ることができない体験を何度もすることになる。そのため，どうすれば相手に自分の考えや気持ちがより伝わるか，相手の考えや

気持ちをより理解できるかを思考せざるを得なくなる。円滑にやり取りができないことで，コミュニケーションでは，相手の話に反応したり質問を織り交ぜて相手が理解しているかを確かめたりすることも必要であることに気付くだろう。

また，母語では取り立てて伝え合う機会がないような身近な事柄について英語でやり取りをすることで，互いの理解を深め合うことができる。友達との相互理解が深まれば，言葉で伝え合うことの喜びや意義の理解にもつながる。

このように，互いに分かり合うために言葉や言葉の使い方を考えながら話すことの大切さや，言葉を用いて相手や他者との関係を深めたり，考えや情報を共有したりすることの楽しさを味わうことは，言語材料について理解したり活用したりする力の育成や，思考してそれらを適切に表出するコミュニケーション能力の育成につながっていくと考えられる。実際に英語を用いた活動だからこそできる学びはたくさんある。指導者はこのことを理解し，目の前の児童に合った言語活動の設定に創意工夫を凝らすことが大切である。

②互いの考えや気持ちを伝え合う活動であること

コミュニケーションとは，人と人とが言葉を介して意思や情報を伝達し合うことを指す。決められた表現のみを用いた反復練習のようなやり取りや発表等には，そのような要素が含まれていない。また，外国語教育の目標に照らし合わせれば，Repeat after me. で指導者の後で単語を繰り返したり，歌ったりチャンツを言ったりする活動では，児童の思考は生まれにくく，それらの活動だけで目標に示された力を育成することは不可能である。以上のことから，小学校の外国語教育における言語活動は，発達の段階を踏まえ，題材を身の回りのことや自分や相手のことなど，児童にとってリアリティのあるものから選び，互いの考えや気持ちを伝え合うこととしていると考えられる。

なお，このように児童が相手や自分の考え，気持ちを聞いたり話したり，読んだり書いたりする活動で使用する言語材料については，学習が進むにつれて，単元に設定したものだけでなく，慣れ親しんだものを使用できるようにすることが望まれたり，求められたりする。

③コミュニケーションを行う目的や場面，状況などが明確であること

児童の思考力，判断力，表現力等の育成には，考えや気持ちを伝え合うことで新しい情報を得たり心が動いたりするなど，言葉でやり取りすることの楽しさや大切さを味わえるようにすることが欠かせない。そのため，言語活動はごっこ遊びではなく，本当の自分の考えや気持ちを伝え合う本物の場面設定が必要である。また，場面設定を明確に示すことで，児童にコミュニケーションを行う「必然性」が生まれる。指導に当たっては，児童がコミュニケーションを行う「目的意識」をもつことができるよう，「何のために尋ね合うか」「どんな場面でのやり取りか」等について，その場面の状況を具体的にイメージできるように提示を工夫したい。

④児童が興味・関心をもてる身近な題材が設定されていること

児童の学習意欲を喚起する上で，言語活動の題材を適切に選択することは重要である。②でも述べたように，児童の発達の段階を踏まえれば，児童が興味・関心をもちそうな事柄，たとえば自分や相手のこと，身の回りのこと，日常生活に関する身近で簡単な事柄等が題材に適している。中でも他教科等の学習内容や学校・地域の

行事などと関連付けた題材がふさわしいと考える。それは，児童全員がその事柄について理解しており，何らかの考えや気持ちをもっていることが多いからである。何を伝えるのかを構想することに時間を取られることなく，あらかじめ抱いている自分の思いや考えを英語でどのように伝えるかを考えることに集中することもできる。また，他教科等の学習や学校・地域の行事は，学級の児童にとって共通の体験であり，内容豊かなコミュニケーションにつながりやすい。

⑤体験的な活動であること

児童の発達段階を踏まえると，母語ではない言語の学習には，知識の伝達や注入を中心とした学習より，体験的な理解が適していると思われる。英語を用いたコミュニケーションの体験を通して，児童はなんとか相手の考えや思いを理解しようとしたり，自分の考えや思いを伝えようとしたりしながら，言語材料への理解を深めたり，活用する技能を身に付けたりすることができる。その際には，児童が思考力，判断力，表現力を活用しながら，それらの知識及び技能を身に付けていくように指導することが大切である。また，コミュニケーションの意義や楽しさを実感するには，実際のコミュニケーションの体験が不可欠である。外国語活動・外国語科の授業では，体験こそが知識や学ぶ意義の理解を促す重要な要素である。

2 単元計画作成の手順

単元計画の作成に当たり，外国語活動では「Let's Try!」，外国語科では教科書を下敷きにして考えることが多い。これらの主教材は学習指導要領に示された目標や内容を踏まえて題材や言語活動が設定され，言語材料が配列されている。教師用指導書には単元計画のモデルが示されており，その計画に沿って学習を展開する際に活用する音声教材，映像教材に加え，そのまま使える絵カードやワークシート等，便利に活用できるアイテムもそろっている。準備の負担を軽減するために，それらを有効に使わない手はない。

しかし，提供されている単元計画が児童にとってベストなものであるとは限らない。また，記載されている学習活動を必ず全て行わなければならないわけではない。料理にたとえると「Let's Try!」や教科書は「素材」である。全部を使う必要はなく，調味料を足してもよい。調理方法も自由である。100の教室があれば100の児童の実態がある。同じ教材，同じ指導方法で授業を行っても，同じ効果が得られるわけではない。目の前にいる児童が「おいしそう」と進んで口に運び，栄養として体の中に取り込まれるように考えて素材を調理すること，すなわち，児童の実態に合わせて指導を展開することこそ，指導のプロフェッショナルである教師の役割である。

その素材のアレンジの仕方，すなわち単元計画の作成の手順は，以下のように，ゴールにおいて目標とする資質・能力を身に付けた児童の姿を具体的にイメージし，時系列とは逆順に各時間の目標や活動を設定していくバックワードデザインが取り入れられている。

単元計画作成の手順

①学校で作成した年間指導計画を踏まえ，単元目標を確認する

②単元ゴールの言語活動を設定する
③単元ゴールの言語活動の提示方法を決める
④単元最後の言語活動に向けた各時間の目標及びステップアップの言語活動を設定する
⑤振り返りの活動を工夫して設定する

①学校で作成した年間指導計画を踏まえ，単元目標を確認する

学習指導要領やその解説と照らし合わせながら，計画を作成する単元が年間指導計画のどこに位置付けられているのかを確認した上で，既習事項や他教科等での学習内容，児童の実態などを踏まえ，どのような資質・能力を育成すべきかを明らかにする。

②単元ゴールの言語活動を設定する

目標となる資質・能力を身に付けた児童の姿をイメージし，85ページに示す「4つの視点」を踏まえて単元ゴールの言語活動を設定する。言語材料の単元間の移動については，その後の学習との系統性を考慮して慎重になるべきだが，2年間で扱うことを踏まえ，児童の実態に合わせて移動することも考えられる。

言語活動を設定したら，教師自身が目指す児童の姿をイメージしながらその活動を実際に行ってみる。児童になりきってやり取りやスピーチをしたり，カードやポスターなどを作ったりすることにより，学習者の視点から必要な指導の手立てや授業構想を検討することができる。

③単元ゴールの言語活動の提示方法を決める

単元の1時間目には，児童が単元の学習に見通しをもてるよう，指導者が単元ゴールの言語活動のデモンストレーションを行い，ゴールイメージを共有する。提示は児童の学習意欲や取り組み方に影響することから，課題をしっかり捉えられるよう，分かりやすく，極力シンプルにするように心掛けたい。実物を使用したり，劇化してALTと演じたりして児童の興味とやる気を引き出す効果的な工夫を考えたい。児童の興味を引きつける仕掛けにこそ，児童をよく知る学級担任の力が生かせるはずである。教師自身が楽しみながら，自分のオリジナリティを生かした「本物」のモデルを提示したい。

④単元最後の言語活動に向けた各時間の目標及びステップアップの言語活動を設定する

単元ゴールの言語活動に向けて，各時間にステップアップの言語活動を設定する。学習指導要領では，外国語学習において，言語材料を実際に活用できる力の育成を目指し，知識及び技能を取り出して指導するのではなく，言語材料と言語活動を効果的に関連付けて指導することを重視している。そのため，高学年で新たに設定されたSmall Talkのように，児童が実際に英語を使用する言語活動を充実させることが求められている。

これまでは言語活動を語句や表現の基本的な知識及び技能を身に付けるための練習の後，それらを目的や場面，状況などに合わせて活用するという段階的な指導を行ってきた指導者も少なくないと思われる。このように順序立てて学習を積み上げていく「ブロック型」と呼べる展開は，児童が学習の見通しがもちやすい反面，「言語材料を練習したので，間違わずに使わなければならない」という意識をもちやすくなるという課題があると考える。そこで積極的に取り入れたいのが，指導者と児童が英語でやり取りを続ける中で，児童自らが言語材料

の意味と使い方を理解し，実際のコミュニケーションの中で活用しながらゴールの言語活動に向けて必要な力を身に付けていくことを目指した展開である。

この展開では，教師が日本語で意味や使い方を解説するのではなく，児童が分からないながらも聞いたり話したりすることに挑戦し，失敗と修正を繰り返して言葉を身に付けていく。児童が失敗と修正を幾度となく重ねながらゴールを目指す姿を，職人が漆を何度も塗り重ねてぴかぴかの漆器を作る漆塗りにたとえ，「漆塗り型」と呼ぶことができる。ヘレン・ケラーが水を触りながらwaterという言葉を獲得したように，経験を通してもち得た物事に対する大まかなイメージと，言葉やその意味に結び付けて理解していく過程にも似ている。人が言葉を獲得する際の自然な流れを再現した指導法である。「言語活動を通して」資質・能力を育むという外国語活動，外国語科の目標を考えると，この「漆塗り型」での授業実践をより重視されたい。詳細を右ページにまとめた。これまでの指導観に捉われず，チャレンジしてほしい。

⑤振り返りの活動を工夫して設定する

単元の最後の時間には，単元の振り返りの時間を設定する。一連の学習を振り返ることによって，児童は自己の変容を自覚して達成感や充実感を味わったり，新たな課題を発見して次の学習への意欲を高めたりすることができる。また，児童同士で振り返りを交流することにより，自分と友達の様子を比較して学習を自己調整する力を高めることもできる。

振り返りの視点には，目標が達成できたか，できるようになったことや理解できたことは何かを確かめるだけでなく，言語活動の視点を取り入れることが重要である。例えば，クラスの好きなものを調べ，それをランキング形式にまとめて学級新聞の記事にするという目的のためにやり取りをする言語活動を設定した場合，その結果ややり取りの過程で，友達や学級についての発見があるだろう。このように目的に向かって学習したことによって得た気付きや感動等を振り返ることは，児童に次の言語活動への期待感をもたせ，主体的で深い学びの実現につながると考えられる。

なお，教師は児童の振り返りを共感的に受け止め，コミュニケーションを図ることの喜びや意義を感じられるように配慮したい。また，振り返りの機会は，単元末以外に設定することも可能である。毎時間の授業の最後に行う振り返りの活動を充実させ，その内容を基に指導の改善に生かすことによって，児童の課題解決や教師の指導力の向上を図ることができる。

3 単元目標設定の方法

単元の目標は，各学校が作成する年間指導計画に明記されている。目の前の児童の実態に合わせて単元ゴールの言語活動を設定し，単元計画の構想ができたら，改めて年間指導計画に立ち返って確認する必要がある。以下に，その単元目標の設定について手順の例を示す。

①単元で指導，評価する領域を決める

各学校が定めた領域別の学年ごとの目標を踏まえ，単元で育成を目指す資質・能力を絞り込み，教科書等に示されている単元目標を参考に単元目標を設定し，取り扱う言語材料や単元ゴールの言語活動に即して領域を設定する。外国語活動であれば1，2領域程度，外国語科であれば2，3領域程度が適当だと考える。設定した領域に対応する目標を，単元計画や学習指導案等に記載しておくとよい。なお，領域の設定に当たっては，年

「漆塗り型」の指導の展開

言語活動を通して目標に示された資質・能力を育成するための単元構想を整理したものが下のイメージである。単元ゴールの言語活動に向けて，ステップアップの言語活動を積み重ねていく。ステップアップの言語活動の展開や指導上の留意点を下の表にまとめた。

●言語活動の種類

・「仕上げ塗り」＝単元ゴールの言語活動

・「本塗り」「下地塗り」
＝ステップアップの言語活動

●漆塗り型の指導のイメージ

●ステップアップの言語活動の展開や指導上の留意点

	指導方法	留意点
下地塗り	語句や表現の意味理解のための教師と児童のやり取り 1．コミュニケーションを行う目的や場面，状況などを設定する。視覚資料等を添え，児童が場面設定を理解できるようにする。 2．指導者は新しく扱う語句や表現を用いて，目的や場面，状況などを提示する。児童は視覚資料等もたよりに，話の内容や使用している言語材料を推測し，理解していく。 3．指導者は児童に繰り返し語り掛け，初めから言語材料を文で発話しやり取りをするように促す。児童が言語材料を正確に使って発話をしたら賞賛し，単語だけや日本語で返した場合は，文や英語に置き替えていく。 4．指導者と児童がやり取りできるようになったら，今度は児童から指導者に語り掛けるように促す。	**●場面設定が必須** 児童が「先生は何を言っているかな」と推測し，自分も実際に言ってみようとして，思考し表現するように指導を展開することが大切である。それには，語句や表現の意味を推測できるような場面や状況などの設定が必須である。 **●安心できる空間が必須** 児童は言語材料をあいまいに理解している状態で発話することになるため，指導者や学級の受容的態度が重要である。日頃から学級経営を充実させ，指導者と児童との信頼関係，児童同士の好ましい人間関係を構築するとともに，外国語学習での学びを学級経営に生かす視点をもちたい。 **●中間指導が重要** 言葉を身に付けていく過程では，自分自身でどのくらい学習が進んでいるかを確かめ，自ら課題を認識して改善を図ることができるようにすること，すなわちメタ認知による学習調整を図ることができるようにすることが大切である。そこで，中間指導を行い，前半の活動を振り返って課題を見つけたり，友達のよい例からその解決策や新たな目標を見出したりすることができるようにする。自分で手掛かりやめあてを見つけることで，学習意欲が高まる効果もある。
本塗り	語句や表現の運用力を高めるための児童同士のやり取り 1．語句や表現の意味をある程度つかんでいる様子を見取ったら，同一の場面設定の中で，児童同士でやり取りを行うように促す。言語材料だけを取り出した練習は行わない。 2．活動を中断し，中間指導を行う。中間指導では何が言えて何が言えなかったかを確かめて自分のその時点での学習状況を確認し，課題や新たな目標を見つけることができるようにした上で，適切な練習などを行う。 3．再度言語活動を行う。	
仕上げ塗り	単元ゴールの言語活動	

間の見通しをもち，音声中心のコミュニケーションから「読むこと」「書くこと」へと指導を展開する順序性を考慮することも大切である。

②単元目標を文章化する

単元目標の表し方は様々であるが，「学習評価の参考資料」では，目標に示した育成を目指す資質・能力の３つの柱を総合的に育成することを目指していることを踏まえ，領域別に一文で示すことを基本形としている。一文で分かりやすく表すための構成の考え方を表にまとめた。

単元目標の文型パターンとその例

		要素	言語活動の目的	言語活動の内容，言語材料等	選択した領域の技能
基本の書き方		外国語活動	〜するために，	〜について，	〜しようとする。
		外国語科			〜ができる。
例	外国語活動	「聞くこと」「話すこと〔やり取り〕」	３年生に紹介する「４年学習準備ポスター」を作るために，	学習に使う物や文房具の言い方について，	先生や友達の話を聞いたり，相手が持っているかどうか尋ねたり答えたりする。
	外国語科	「聞くこと」「話すこと〔やり取り〕」	みんなの誕生日や好きなもの，欲しいものを集めたカレンダーを作るために，	相手の誕生日や好きなもの，欲しいものについて，	聞き取ったり，伝え合ったりすることができる。
		「書くこと」	新しく出会うALTに自分たちの名前を正しく伝えるために，	活字体のアルファベット文字を	書くことができる。

③評価との関連を考える

指導と評価は一体として考えるべきものであることから，目標となる領域の設定に当たっては，評価との関連も考慮する必要がある。高学年においては，「聞くこと」「話すこと［やり取り］」「話すこと［発表］」と同様，「読むこと」「書くこと」の領域についても，内容の深まりや言語活動の内容によって，複数単元で評価することもあれば，目標に向かって指導はするが記録に残す評価を行わないこともある。単元計画の作成とその目標の設定に当たっては，年間の指導を見通し，評価規準や評価場面等とのつながりを踏まえることも大切である。

単元ゴールの言語活動を設定する４つの視点

単元ゴールの言語活動は，外国語活動・外国語科の学習と指導の根幹をなす最も重要なものであると考える。その設定に当たって大切にしたい視点を以下の４つに整理した。

①必然性があるか

コミュニケーションを行う目的や場面，状況などが明確に設定されることで，児童がその言語活動に取り組む必然性が生まれる。「何のために活動をするのか」，「何の目的で，誰に伝えるのか」など，言語活動の目的や理由を意識できるようにし，児童が目的意識をもって主体的に学習に取り組むことができるようにすることが大切である。

②「本物」であるか

与えられた言語材料をただ繰り返すのではなく，言語活動の目的に合わせて，児童が実際に感じたことや考えたことを言葉に乗せて相手や他者に伝えることができるようにすることが大切である。児童はこのような「本物」の言葉のやり取りによって，コミュニケーションの楽しさや意義を体得する。コミュニケーションを行う目的や場面，状況などは児童にとってリアリティがあり，本当に「聞きたい」「言いたい」と思える設定を考えたい。

③相手意識がもてるか

相手に伝えたり相手の思いを理解したりする目的を意識することで，児童は「何を伝えたらよいか」「どうやったら伝わるか」「どうしたら理解できるか」と思考を深め，もっている知識や技能を活用しようとしていく。コミュニケーションの対象を明確にすることが大切である。

④コミュニケーションの意義や楽しさを感じられるか

言語活動に設定された目的を達成するために，児童は相手のことを理解しようとしたり，自分のことを伝えようとしたりしながら，母語でのやり取りにはない困難さを乗り越えようと試行錯誤する。だからこそ理解し合えたときに，児童は英語で伝え合うことの楽しさ，言葉で伝えることの大切さを体得することができる。

４つの視点を踏まえた言語活動の例

例	題材名【領域】	内容
1	新しく来たALTがどんな先生か知るために，自己紹介を聞こう。 【聞くこと】	新しく着任したALTと親交を深めるために，ALTの自己紹介を聞いて，知っている語句や表現を聞き取り，それらを手がかりとして概要を捉える活動である。児童は「新しい先生がどのような人物なのかを知りたい」という目的をもって活動に取り組むことができる。
2	友達の誕生日や好きなもの，欲しいものなどを調べて，学級の「誕生日わくわくカレンダー」を作って学級に掲示しよう。 【話すこと［やり取り］】	学級全員の誕生日や好きなもの，欲しいものを書き込んだ「誕生日わくわくカレンダー」を作るために，それらを尋ねたり答えたりする活動に取り組む。完成させた作品を教室に掲示したり学級文集に掲載したりするなど，実際に活用する目的を示すことで，児童が学習する必然性をより強く感じることができる。
3	一人一人のMy Heroを紹介し合い，Hero's Mapを作ろう。 【話すこと［発表］】	尊敬する人物を代名詞he，sheを使って友達と紹介し合った後，学級全体やグループ単位でスピーチを行う。紹介された人物の出身地や所在地等を地図で確認し，学級のHero's Mapを作成する。日常生活では分からなかった友達の新たな一面を知ることができたり，これまで興味をもたなかった分野を知って視野を広げたりすることができる。
4	中学校の英語の先生へ渡す自己紹介カードを書こう。 【書くこと】	進学する中学校の英語の先生に向けて，自分を紹介するカードを作成することを目的に，これまで慣れ親しんできた語句や表現を使って書く活動に取り組む。無理なく自然に既習表現を活用することができる場面設定である。完成したカードは実際に中学校へ渡す。

大分県佐伯市立上堅田小学校校長　福田優子

03 「英語に初めて触れる」外国語活動の指導

外国語活動は，児童が初めて英語に触れる時間である。その認識の上で，外国語学習の素地となる力を培うために，中学年児童に特有の柔軟な適応力を生かした楽しい学びを展開することが大切である。本稿では，このような特徴を踏まえた外国語活動の指導のポイントについて，具体例を提示しながら解説する。

1 外国語活動の特徴

外国語活動の２年間は，外国語学習の入門期に当たる。この期間は，英語を活用する技能の習得を目指す高学年外国語科への準備段階である。指導者は，このことを念頭に置き，初めて英語に触れる児童にとって学習の負担が大きくならないように留意する必要がある。

外国語活動の指導において特に大切なことは，英語の音声や表現に慣れ親しむこと，実際に英語で伝え合うことの楽しさを感じることの二つである。このような学びは，柔軟で適応力のある中学年の児童に適しており，その後の外国語学習に対する意欲の向上につながる。

そこで必要なのが，児童が出合う英語の「量」や「質」への配慮である。簡単で基本的な語句や表現を使用することはもとより，音声に関する配慮も欠かせない。語彙が増えることを期待して大量の英語を与えるのではなく，児童が「言えるようになりたい」と思うような語句や表現を精選することが大切である。そして，それらを何度も言ったり聞いたりする学習活動を展開していく。外国語活動の目標には，母語である日本語と外国語とを比べ，音声の違いや言葉の仕組みの特徴に気付くことも含まれている。未知の言語である英語を通して，母語である日本語を捉え直すための工夫も必要である。

2 外国語活動の指導のポイント

外国語活動は児童にとって英語に初めて触れる時間であることから，その後の学習態度等への影響も踏まえ，児童が安心して楽しく学習できるようにすることが大切である。そのポイントを以下に示す。

外国語活動の指導に関する 10 のポイント

①友達や担任，ALTなど，安心してやり取りができる相手とのコミュニケーションにする。
②聞き取りやすい声で，ゆっくりはっきり話す。
③聞く活動を充実させ，発話を急がせない。
④「聞いて分かった」「言って伝わった」喜びや達成感を味わうことができるようにする。
⑤児童の興味・関心のある題材を選び，言語材料が使われている目的や場面，状況などを具体的に示し，内容を推測しやすいようにする。
⑥イラスト，写真を提示したり，表情やジェスチャーを添えたりして，内容理解の手掛かりを与える。

⑦児童の実態に合わない難しい語句や表現を用いない。
⑧不完全，不正確でも「英語を使おう」とする意欲や態度を賞賛し，学習や指導の改善を図る。
⑨苦手意識のある児童には，友達や指導者からサポートを受けられるように工夫する。
⑩文字に関する学習は「聞くこと」の活動で行う。

3 単元計画の作成に当たって大切にしたいこと

多くの学校が主教材として活用している「Let's Try!」については，その指導計画例などが文部科学省や教育委員会等から公表されている。各学校では，それらをベースとして児童の実態に即してアレンジを加え，単元計画を作成するとよい。

「Let's Try!」は年間９単元で構成されており，各単元を４または５時間扱いとすることを基本としている。このことは，単元に設置された言語材料に出合ってから４または５時間後には，実際に英語を使ったコミュニケーションを体験する「単元ゴールの言語活動」を行うことを指す。児童が進んでコミュニケーションを図ることができるよう，児童の興味・関心，各教科等での学習，発達上の特性や課題等を踏まえ，創意工夫を凝らして計画を立てる必要がある。こうしたことから，学級担任が中心となって検討を進めるとよい。

単元計画の作成に当たっては，学年の教科単元配列一覧表や，総合的な学習の時間や特別活動の年間計画表等を広げながら「好きなことを尋ねたり答えたりすることができる取り組みは何か」「色や形，数などを扱う行事はあるか」などと考えていくとよい。指導計画以外にも，教室，運動場，児童の会話や日記，保護者の声，校長先生や教頭先生など，身の回りにあるたくさんのものがヒントを与えてくれる。

題材を決めたら，児童の「やってみたい」気持ちを引き出すために，ほんの少しの「非日常感」「特別感」を加える。学級担任は児童と学校生活の大半を共にしている。自分がわくわくし，児童がわくわくする言語活動を自信をもって考えてほしい。同僚や先輩に相談し，チームで考えるのも有効である。指導者自身が楽しみながら作成することが大切である。

外国語活動の単元計画作成のポイント

❶児童が「できそう」と学習の見通しがもてる単元ゴールの言語活動を設定する
❷言語材料に慣れ親しむ活動を工夫し，充実させる

❶児童が「できそう」と学習の見通しがもてる単元ゴールの言語活動を設定する

外国語活動の単元のゴールには，「聞くこと」が加わることもあるが，基本的には「話すこと[やり取り]」と「話すこと[発表]」のどちらかの領域の言語活動を設定する。その際，英語学習の入門期であることを踏まえ，児童が「できそう」「やってみたい」という見通しをもてるようにしたい。そのポイントは次の４つである。

1　意欲がもてる題材  楽しそう！　やりたい！

児童の身近な学習や生活から題材を選び，「特別感」のある設定を加えて学習意欲を喚起する。

2　具体的な設定  なるほど，そういうことね。

児童が学習を具体的にイメージしやすいコミュニケーションを行う目的や場面，状況などを設定する。

3　簡単な活動  なんか，できそうだよ。

聞いたり話したりする内容に集中できるよう，活動の内容はできるだけ簡潔にし，１回のデモンストレーションで手順を把握できる程度に作業負担を抑える。

4　安心できる雰囲気  間違えても大丈夫だね。

児童が言語材料を使えるようになるまでには間違いがつきものである。そこで，コミュニケーションの相手を親しい友達や身近な先生とし，安心して活動に臨めるようにする。

外国語活動の単元ゴールの言語活動の例

学年	言語活動の例	内容	該当単元
３年	校長先生でも答えられない「学校の数の秘密」クイズを作ろう。	単元最後の授業に校長をゲストティーチャーとして招き，学校にあるものの数を尋ねるクイズを出題する。クイズ問題は，休み時間等を利用し，児童自身で学校の施設や備品等から探して作成する。答えはタブレット等のカメラアプリで撮影しておく。児童にとって校長は「学校のことは何でも知っている人」という認識があることから，答えられないようなクイズを出題しようと意欲的に取り組むはずである。	「Let's Try! 1」 Unit３：How many?
	６年生とクイズ大会をしよう。	卒業前の６年生を招いて，これまでの感謝を伝えたり学校生活の思い出を交流したりするためのクイズ大会を開くという場面設定をする。児童は学校行事や異学年交流などで一緒に取り組んだことや，日常生活で交流したことなどをもとに問題を考え、スムーズにやり取りができるように練習や言語活動に取り組む。	「Let's Try! 1」 Unit８：What's this?
４年	みんなの好きなものを調べて，学級ポスターの材料を集めよう。	学級活動や図画工作科と関連を図った言語活動である。児童が好きなものの写真やイラストをコラージュして学級を紹介するポスターを作ることを目的として，好きなものについて尋ねたり答えたりする学習活動に取り組む。	「Let's Try! 2」 Unit１：Hello, world!

❷言語材料に慣れ親しむための活動を工夫し，充実させる。

中学年児童は英語学習を始めたばかりであることから，言語活動で使える語句や表現は簡単で基本的なものに限られ，数もわずかである。「Let's Try!」の指導計画案例には，それらに慣れ親しむための活動としてポインティング・ゲームやキーワード・ゲーム等も設定されているが，児童が楽しみながら何度も聞いたり言ったりすることができるようにするには，目の前の児童に合う学習活動へとアレンジすることが大切である。また，準備の少ない活動にすることも重視したい。

なお，指導に際しては，「聞くこと」から「話すこと」の流れを意識し，「聞く」時間を十分に取り，無理に発話を急がせないようにすることが大切である。

1 簡単で単純な活動にする。

やり方がすぐに分かったよ。

限られた授業時間の中で行うことを考慮し，ルールの理解に時間が必要なものは避ける。

2 様々な語句や表現に応用できるものにする。

いつもの活動だね。

ルールややり方に慣れれば，聞いたり話したりする時間を確保したり，言語材料に合わせた工夫を取り入れたりしやすくなる。汎用性の高い学習活動を複数覚えると便利である。

3 自然と繰り返し聞いたり言ったりすることができるようにする。

もう一度だね。

単元最後の言語活動で言語材料を活用することができるようにするためには，繰り返し聞いたり話したりすることが不可欠である。特性上，無理なく何度も言語活動に触れられる活動にする。

言語材料に慣れ親しむための活動例

活動名	特長・手順	
スタンプラリー	特長	スタンプ集めを楽しみながら，言語材料を使って自分のことを伝える活動である。児童自身が言語材料を選択するので，安心して取り組むことができる。マスター役の児童も，様々な言語材料に触れることができる。
	手順	・教室の各所にスタンプコーナーを設置し,「スタンプマスター」を一人ずつ配置する（30人学級で 6 か所程度）。 ・教室の中央に，単語の絵カードを絵を上にして並べる。 ・児童は絵カードを 1 枚選び, スタンプコーナーに向かう。スタンプマスターにその絵カードを見せながら, 単元に設定されている表現の一部を置き換えて言う。スタンプマスターは，Good. や I see. などと答えて受け止め，活動カードにスタンプを押す。終わったら児童は単語の絵カードを元の場所に戻す。
カードリレー	特長	自分の順番が巡ってくる緊張感があり，集中して単語を言ったり聞いたりすることができる。ポインティング・ゲームやキーワード・ゲーム等で聞く活動を十分に行ってから取り組む。「パス」ができるので，苦手意識のある児童も安心して取り組みやすい。後に続く児童によって，すぐに学習のフォローができる利点もある。
	手順	・10 枚程度の単語絵カードを用意する。リングでとじておくと扱いやすい。 ・指導者は席順に従って，児童一人 1 枚ずつ順番に絵カードを見せる。児童はその絵カードに示された単語を言う。児童は，絵カードの単語の言い方が分からないときは「パス」と言って次の人に回す。 ・最後のカードが終わったら，1 枚目のカードに戻る。これを繰り返す。

大分県佐伯市立上堅田小学校校長　福田優子

04 中学校へ「つなぐ」外国語科の指導

平成29年改訂の学習指導要領では，小学校から高等学校までの指導の一貫性が求められ，小学校から中学校への円滑な接続が重視されている。小学校外国語科の役目は，外国語活動で培ったコミュニケーションを図る資質・能力の素地を，中学校の外国語科に「つなぐ」基礎を固めることである。園芸にたとえるならば，外国語活動で耕した素地という土壌に種をまき，基礎という苗を仕立てるということだ。苗作りは，植え付け後の生長に影響する重要な作業である。中学校という畑で，すくすく生長してたくさんの花を開かせ，実を結ぶことができるよう，高学年で確実に芽を出し，根張りのよいたくましい苗を作りたい。

本稿では，具体例を提示しながら外国語科の特徴とそれを踏まえた指導のポイントを示す。

1 外国語科の特徴

2年間の外国語活動を経て，児童は初めて教科として外国語を学習する。外国語活動は「～するようにする」こと，すなわち英語に慣れ親しむことであったのに対し，外国語科では「～できるようにする」こと，つまり英語を活用する技能を習得することを求めている。また，扱う領域が3領域から5領域になる。

このように両者には明らかな差異があるが，「目標」を確かめてみると，言語活動を中心として単元を構成すること，日常生活での身近な事柄を扱うこと，簡単な語句や基本的な表現を言語材料にすることなど，基本要素に変わりはない。だからこそ，違いに着目することによって外国語科の特徴が見えてくる。それらを学習活動で整理すると，次の5つにまとめることができる。

外国語科の特徴を示す5つの学習活動

①「聞くこと」 話の全体の大まかな内容を捉えたり，自分に必要な情報を得たりしようとする活動
②「話すこと［やり取り］」 自分のことについて，その場で質問したり質問に答えたりして短い会話をする活動
③「話すこと［発表］」 伝えようとする内容を整理して，聞き手に分かりやすく伝える活動
④「読むこと」「書くこと」 読んだり書いたりすることに慣れ親しみ，できるようになるための活動
⑤「文字の学習」 文字を読んだり書いたりすることができるようになるための活動

2 外国語科の特徴を示す5つの学習活動ごとの指導上の留意点

上記の5つの学習活動の一つ一つについて，外国語活動と比較しながら指導のポイントを示す。

①「聞くこと」 話の全体の大まかな内容を捉えたり，自分に必要な情報を得たりしようとする活動
●目的や場面，状況などの設定を工夫し，必要な情報を得る聞き方ができるようにする。

●一語一語を正確に聞き取ることより，相手が何を伝えようとしているのかを意識して聞くことができるようにする。
●イラストや写真等を手掛かりに，短い話の概要を捉えられるようにする。

外国語活動では，ゆっくりはっきり話される質問や答え等を，話し手の表情や身振り，イラストや写真等を手掛かりに聞き取る活動が行われる。これは，初めて英語に接する児童が「聞いて分かった」という体験を積み重ね，自信を高めていくことを重視していることによる。

外国語科では，中学校においてまとまりのある英語を聞く力の育成につながる基礎として，短い話や会話について，全てを正確に聞き取るのではなく，自分に必要な情報をピンポイントで聞き取ることができるようにすることを目指す。そのため，指導に当たっては，目的意識をもって聞くことができるように場面設定を工夫することが重要になる。また，短い話の概要を捉える学習活動では，事前に内容を知らせずに，内容の把握の助けとなる情報をイラストや写真等で示し，思考して聞くことができるようにする。

②「話すこと［やり取り］」 自分のことについて，その場で質問したり質問に答えたりして短い会話をする活動
●自分や身近なことについて，その場で話すことを考えて簡単な質問をするなどして，短い会話を続けることができるようにする。
●指導者が既習表現を活用したり，リアクションをしたりして，やり取りを続ける姿を実演で示し，自然な会話の手本を示す。
●言語材料を正確に使えているかだけでなく，伝え合っている内容を評価する。

外国語活動では，「英語で質問できた」「英語で答えることができた」という達成感を得る経験を積むことを重視し，動作を交えたり指導者からのサポートを受けたりしながら，身近なことや自分のことなどについて，英語を使って実際に簡単なやり取りを行う。

外国語科においても，引き続き身近なことや自分のことを話題としつつ，指導者のサポートがなくても，その場で，それまで学習したり経験したりして獲得した英語を駆使して会話を続けることができるようになることを目指す。このような実践的なやり取りは一朝一夕にできるようにはならない。そのため，指導者が手本となり，繰り返し授業の中で既習表現を活用したり，相手の言ったことを引用して反応したりして会話を続けることを「やって見せ」て，児童が活動の見通しをもてるようにする。また，学習意欲を継続させるため，語句や表現を正しく使うことができているかばかりでなく，やり取りの内容について感想を伝えたり，驚きや喜びなど内容に対する反応を示したりして，場面設定に合った内容を伝え合っているかを評価することが大切である。

③「話すこと［発表］」 伝えようとする内容を整理して，聞き手に分かりやすく伝える活動
●場面設定を工夫し，思考する時間を十分に設定して，目的や相手に合わせて伝える内容を選び，文と文のつながりを考え，内容を整理して発表することができるようにする。
●単元に設定された言語材料だけでなく，既習事項も活用できるように工夫する。
●児童が自信をもって発表することができるよう，準備と練習の時間を確保する。

英語の学習が始まったばかりの外国語活動では，相手に聞き取りやすい音声かどうか，実物を見せたり動作を付けたりして分かりやすく伝えようとしているかを重視する。一方，外国語科では，話の内容にフォーカスし，

伝えたいことを「相手に分かりやすいように」「伝えたいことが明確になるように」，目的意識と相手意識をもって「整理」して発表することが求められるようになる。そこで，発表の目的を明確に設定し，準備や練習をしっかりと行い，児童が自信をもって取り組むことができるようにすることが大切である。また，発表の練習の場を利用し，発音やイントネーションなど「音声」に関する指導も行いたい。

④「読むこと」「書くこと」　読んだり書いたりすることに慣れ親しみ，できるようになるための活動

「読むこと」

- 文字の表す音や，絵や写真等の言語以外の情報などを手掛かりにして，音声で十分に慣れ親しんだ語句や表現の発音を推測して読むことができるようにする。

「書くこと」

- ワードリストから，自分の考えを表すのにふさわしい語句を選び，文の一部を差し替えて書くことができるようにする。また，手本を見ながら単語と単語の区切りに注意して書き写すことができるようにする。

外国語活動の目標には「読むこと」「書くこと」の領域が設定されていない。児童が英語を読んだり書いたりするのは，外国語科が初めてである。そこで，「読むこと」については，文字と音の基本的な対応関係についての学習を行いつつ，最終的に音声で慣れ親しんだ文を見て，絵や写真等，言語以外の情報を手掛かりに，発音を推測し，文全体を推測しながら読むことができるように，段階的に学習をつないでいくようにする。文字の音から語句や表現の全体の認識へと広げていく指導が重要である。小学校段階の「読むこと」では，初見の文を何のサポートもなく読むことができるようにすることを求めてはいないことに留意する。

「書くこと」の指導では，書けるようにすることを急ぐあまり，機械的に書かせる活動に終始することのないよう注意する。何のために，誰に向けて書くのかを明確にし，目的をもって書く活動に取り組ませたい。目的があれば，自分の言いたいことが伝わるように語句を選び，単語と単語の区切りに注意して書く必然性が生じる。文の一部を置き換えるために，自分の伝えたい語句を選ぶことができるようにワードリストを用意することも考えられる。児童にとって抵抗感をもちやすい活動であるため，十分な時間を確保したい。

⑤「文字の学習」　文字を読んだり書いたりすることができるようになるための活動

- 手掛かりなしに，文字を見てその文字の「読み方」を言うことができるようにする。
- 大文字と小文字を４線上に正しく書くことができるようにする。
- 「読むこと」の領域で文字と音との関わりについて指導する。

外国語活動では，「聞くこと」の領域で，文字の読み方や字形に慣れ親しむ活動を行う。それを踏まえ，外国語科では「読むこと」「書くこと」の領域において，手掛かりなしに活字体の大文字，小文字を見て読み方（名称）で発音したり，読み方を聞いて大文字，小文字と結び付けたり書いたりする活動を行い，文字を習得することを目標としている。また，並行して英語の文字の「音」を指導する。その際，発音と綴りとの関連性は，中学校の指導事項であることに留意する。

文字を書き慣れ，４線上に正しく書くことができるようにするためには，十分な時間の確保が必要である。また，文字の学習には繰り返しの学習が不可欠であるため，ゲーム性をもたせるなど，児童が意欲的に活動に取り組むことができるように工夫したい。

3 外国語科の指導で大切にしたいこと――「書くこと」の指導

外国語科において児童がつまずきやすいのは，「話すこと」において，場面設定に合わせ，その場で既習事項を引き出しながらやり取りをすることと，「書くこと」である。本項では，特に児童が苦手意識をもちやすい「書くこと」に焦点を絞り，具体的に指導のポイントを３つ紹介する。

外国語科の「書くこと」に関する主な学習活動は，大文字，小文字を４線上に正しく書く活動，簡単な語句や基本的な表現を書き写す活動，文の一部を，例示された語句などの中から選んだ別のものに置き換えて書く活動の３種類がある。指導する大人は，どれも「それくらいなら簡単にできるだろう」と考えがちである。しかし，高学年といえども，児童が英語に触れる機会はわずか週に１，２回であり，英語学習を始めてから，せいぜい2，3年である。「聞くこと」「話すこと」でさえ，たやすく「できるようになる」ものではないのだから，「読むこと」「書くこと」は，当然それ以上の困難さがある。「書くこと」の学習に進むまでに，音声に十分慣れ親しませ，スモールステップで丁寧に指導することが大切である。また，機械的な学習に終わらないようにするために言語活動を設定し，「目的のために書く」活動を通して書く力を育成することが求められる。

①スモールステップで指導する

英語に限らず，どの言語でも「書くこと」は最も高度な技能が求められるものである。そのため，細かなステップを設定して指導することが大切だと考える。そのステップの例を次に示す。

(1) なぞって書く。
(2) 手本を見て，そのまま書き写す。（視写）
(3) 文の一部の語句をワードリストから選んで置き換え，書き写す。
(4) 文例を参考に，自分で文を考えて書く。

（4）は自由英作文ではないことに注意する。実施に当たり，児童の実態を踏まえ，文の一部の語句を書かせるか，文全体を書かせるかなど「書くこと」のレベルを調整する。

② ４線を工夫して，文字を分かりやすく，書きやすくする

教材，ワークシートやノート等の４線には配慮が必要である。単語間のスペースを十分に空けて，児童が無理なく語句や文を書くことができるように，長さにゆとりをもたせたい。また，児童が，書き慣れていない文字を決められたスペースに書くためには，ある程度の線の幅がほしい。４線の第３線（基線）は，色や太さを変えて目立つようにしてあるものを使用したい。また，文字の形や単語のまとまりを視覚的に捉えやすくするため，書き写す手本も４線上に書かれているものが望ましい。

「そこまでしなくても」と思うかもしれないが，第１学年での国語科のひらがなの指導を思い出してみてほしい。十字に補助線が入ったマスに配置された手本の文字を，まずはなぞり書きをし，次に下のマスにそれを見ながら書き写すことから始める。手本と同じ書式の用紙に，正しい字形で書き写すことができるようになってから，次の段階へと進めてはいるはずである。「書くこと」の指導の流れは，日本語も英語も同じである。書式の工夫はほんのささいなことだが，児童の抵抗感を少なくすることができる。

③「書きたい」気持ちを大切にする

「書くこと」の指導は，他の領域と関連させて言語活動を通して行う。ドリルのように無味乾燥な書く練習で

はなく，児童の興味・関心に合わせて書く目的を設定し，その達成のために思考を働かせて書くことができるようにすることが大切である。

下の例は「新しく配属されるALTのために，学校の先生を紹介するカードを作ってプレゼントしよう」という言語活動において，5年生のまどかさんが書いたものである。まどかさんは，昼休みに一緒にサッカーをしている隣の学級の担任を紹介したいと考え，He can play soccer. と書こうとした。しかし，

・単語と単語の間のスペースが空いていない。

・ピリオドが打たれていない。

・pとyが正しく書かれていない。

などの修正すべき点がある。あなたなら，まどかさんにどのように働きかけるだろうか。

今度は，第1学年の国語科の「書くこと」に設定されている，身近な人に経験したことや観察したことなどを伝える文章を書く単元を思い出してほしい。この単元で，児童は初めて相手意識をもって短い作文を書く学習活動に取り組む。このとき，マスの中に正しくひらがなを書くことや，句読点を打つこと，「は，へ，を」といった助詞の表記についても学習する。児童は，隣の席の友達と話をして，身近にいる大好きな家族や担任に伝えたいことを考え，一生懸命に文章に書く。しかし，「わたしは」が「わたしわ」，「てれびを」が「てれびお」になるなど，表記には誤りが見られるものである。このようなとき，私たちは誤りの横に赤字で訂正を記した上で，内容に関することについてコメントに書いて児童に返している。相手に伝えるために話題や書くことを選んでいることを評価し，学習意欲を保ちながら正しい助詞の使い方を指導する。

外国語科の「書くこと」も同じである。児童が「英語で書いて伝えたい」という気持ちをもてるような目的や場面，状況などを設定し，児童が書いた内容を認めて反応し，正しい書き方を伝える。これを繰り返すことで，児童に正しく「書くこと」の力が着実に身に付いていくと考える。

4　小学校外国語科の学びを中学校外国語科につなぐために――小中連携

小学校，中学校の外国語教育の接続のイメージ

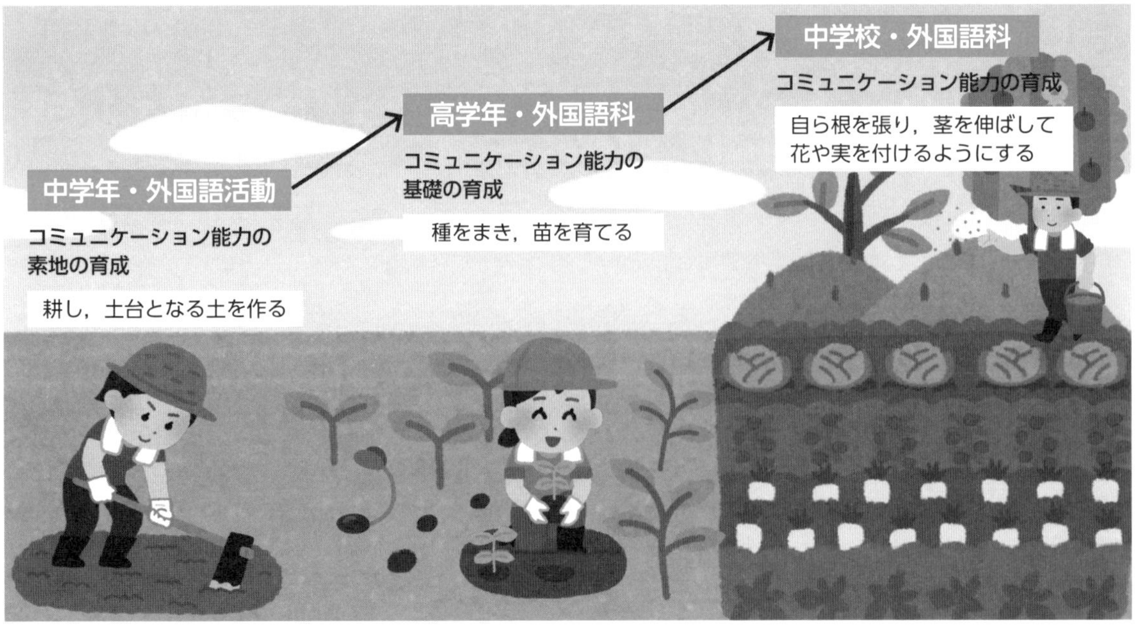

本項の冒頭で述べたように，小学校高学年「外国語科」の役割は，外国語活動で豊かに耕されたコミュニケーション能力の「素地」の上に，中学校という畑で生長する「基礎」となる苗を育てることである。しかし，文部科学省が行った調査では，小中連携が円滑に行われていないという課題が報告されているのが現状である。

小中連携のカギは言語活動である。学習指導要領では，全ての校種において「言語活動を通して」資質・能力を育成することを求めている。その言語活動の指導をどのように展開するのかは，指導者の裁量に任されている。校種間で指導方法が違っていては，円滑な接続は望めない。特に中学校入門期においては，小学校での指導法を生かした言語活動を設定し，小中の段差をできるだけ低くしながら中学校での外国語学習をスタートしてもらいたい。これまでの実践経験等を踏まえ，課題解消のために押さえたい小中各々の役割について次に述べる。

①育苗農家としての小学校の役割

中学校卒業時に，生徒が英語でコミュニケーションを図る資質・能力という花を咲かせ，実を結ぶことができるように，小学校では児童に「できる」自信や意欲という根を張り，広い畑で生長できる苗を育てたい。そのために言語活動を充実させ，第２章の02，83ページなどで紹介した「漆塗り型」の指導方法を用いて，児童を主体的な学びに導いていくことが大切である。外国語指導の経験の浅い小学校教師にはハードルが高く感じられるかもしれないが，目標とする資質・能力の育成のためにはチャレンジしなければならない。指導内容を理解し，指導技術を磨くことは教師の本務であり，プロとしての責任である。

児童と同じように，いきなり完璧を目指さなくてもよい。自身の英語力を少しずつ伸ばし，使える表現を一つずつ増やしていくようにしたい。ラーニングモデルとして「先生もがんばっている」姿を提示することにも価値がある。外国語科はそれが可能な教科の一つであることを利用し，その姿を示していきたい。

②生産農家としての中学校の役割

中学校の英語科教師にとって，小学校で育てられた苗を畑に根付かせるために必要なことは，まず苗の生育状況や生育環境を把握することである。それなしには苗にふさわしい土や肥料を用意することができないからだ。何ら特別な配慮をしなくても，生徒は小学校で身に付けた力を使いながら学習に取り組むであろう。しかし，中学校の英語科教師が，生徒が小学校で身に付けてきた力を発揮できるように工夫したり，入門期からスムーズに中学校の学習になじめるような環境を作ったりすることで，教育的効果は飛躍的に高まるだろう。小学校の学びを生かすことは中学校の英語科教師の責務であると考える。

それにはまず，小学校外国語科において言語活動を中心としてどのように指導が展開されているのか，指導内容と指導方法を具体的に理解することが必要だと考える。その上で進学した生徒が不安や抵抗感を抱くことなく，新しい環境で意欲的に学習に取り組めるようにしてほしい。例えば，小学校外国語科の言語活動で扱った題材や教材などを取り入れれば，生徒は「知っている」「それならできる」と，自信をもって学習に取り組むことができるだろう。そのために，小学校の授業を参観することや小学校での研修会に参加することを勧めたい。

小学校では，児童に着実に資質・能力を育てるために，教師たちが言語活動をどのように設定し，どのように指導するかについて日々研修し，授業改善を重ねている。小学校教師が慈しみ育てた苗に，ぜひ言語活動という場を通してたくさんの愛情を注いでもらいたい。「小中のギャップ」の課題を指導方法の接続によって解消し，生徒が15の春にはきれいな花を咲かせ，甘い実を実らせてほしいと願っている。

大分県佐伯市立上堅田小学校校長　福田優子

05 評価① 外国語科の評価に関する基礎知識

1 平成29年改訂学習指導要領に対応した評価のあり方

平成29年改訂学習指導要領（以下，学習指導要領）を踏まえ，中央教育審議会初等中等教育分科会教育課程部会は「児童生徒の学習評価の在り方について（報告）」（平成31年1月21日）を取りまとめた。その中で，学習評価は資質・能力を確実に育成する上で重要な役割を担っていることを改めて示すとともに，現状における課題の例として次の5点を挙げた。

- 学期末や学年末などの事後での評価に終始してしまうことが多く，評価の結果が児童生徒の具体的な学習改善につながっていない。
- 現行の「関心・意欲・態度」の観点について，挙手の回数や毎時間ノートを取っているかなど，性格や行動面の傾向が一時的に表出された場面を捉える評価であるような誤解が払拭し切れていない。
- 教師によって評価の方針が異なり，学習改善につなげにくい。
- 教師が評価のための「記録」に労力を割かれて，指導に注力できない。
- 相当な労力をかけて記述した指導要録が，次学年や次学校段階において十分に活用されていない。

このような課題を踏まえ，次の「学習評価の改善の基本的な方向性」が提言された。

①児童生徒の学習改善につながるものにしていくこと
②教師の指導改善につながるものにしていくこと
③これまで慣行として行われてきたことでも，必要性・妥当性が認められないものは見直していくこと

児童一人一人が目標に示された資質・能力を確実に身に付けることができるよう，評価を学習や指導の改善につなげていくことの大切さがこれまで以上に強調されている。

外国語活動では，「聞くこと」「話すこと[やり取り]」「話すこと[発表]」の3領域，外国語科ではそれに「読むこと」「書くこと」を加えた5領域の各領域の目標達成に向けて，「知識・技能」「思考・判断・表現」「主体的に学習に取り組む態度」の3観点による評価を通じて資質・能力の育成を目指す。その際，上記の方向性を踏まえた「指導と評価の一体化」に取り組んでいくことが大切である。

指導と評価の一体化のイメージ

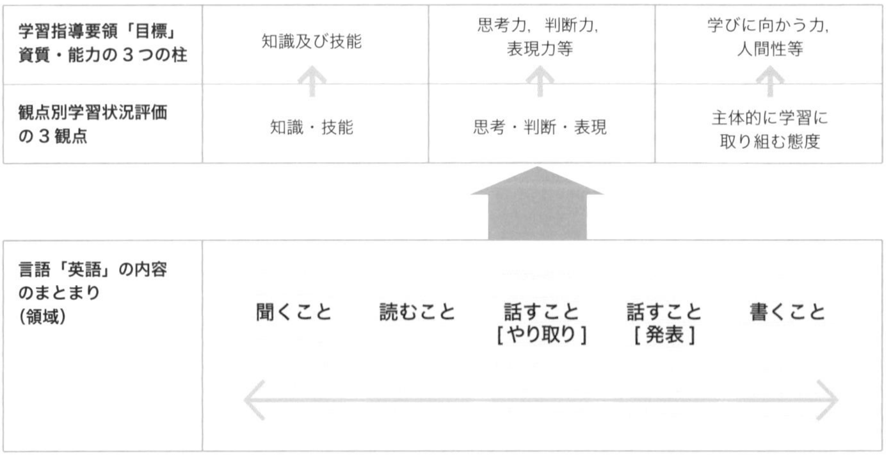

2　学習評価の意義

・観点を意識して記録に残す評価をすることで，児童の姿が見えてきた。
・今までの「行動観察」がどれだけ漠然としたものであったか。思った以上に児童が見えていなかったことに気付いた。
・この時間で何を評価するのかを考えることにより，何を指導するのかが明確になる。目標を意識して授業に臨むことができるようになった。
・評価力（子供を見取る力）を高めることは，個に応じた適切な指導の実現につながることが分かった。

上に示したのは，令和２年度に外国語科の指導と評価の在り方についての研究に取り組んでいる，鳴門市内のある小学校の教師から聞き取った言葉である。評価について考えることによって，これまでの指導のあり方を問い直していることが分かる。外国語科では，外国語活動以上に行動観察などを通して児童の学習状況をよりきめ細かく見取ることが大切であると認識したことがうかがえる。

ところで，教師であれば誰もが一度は３段階評価や評定に悩んだ経験があるのではないだろうか。児童の努力や成長の度合いには，数値等ではどうしても表すことができないものがあるからだ。

だからこそ児童一人一人の学びの多様性に応じて，学習場面において「何ができるようになったか」「どのような課題があるのか」を見取り，課題の解決や次の学びへとつなげる評価，すなわち「学習過程における評価」が重要である。

教師は「全ての児童が目標を達成し，求められている資質・能力を身に付けてほしい」という願いをもって指導している。評価も同じように，全ての児童が次の学びに向かうエネルギーをもつことができるように，「がんばった」「できた」という達成感や自信，誇りを届けるために行うべきである。評価を単なる結果報告や序列付けに終わらせず，日々の授業の中で指導とともに継続的に行い，積極的にフィードバックを行っていくことが大切である。そして，このような指導と評価のあり方こそが，平成29年改訂の学習指導要領が求める「指導と評価の一体化」であると言えよう。

しかしながら，教師にとって評価が負担になり，指導が疎かになっては本末転倒である。信頼性，妥当性のある評価を実現するためには，指導の重点化を図り，「記録に残す評価」と「指導に生かす評価」のそれぞれについて，評価する時期や場面の精選を図る必要がある。学校全体で評価のあり方を問い直し，計画的，組織的に取り組むことが期待される。

【評価の種類】

評価は，実施場面や方法によって，主に次の３種類に分類される。

①診断的評価：指導の前に，児童の状況を把握する目的で行う評価。

②形成的評価：単元や学期の終わり，または途中で，日々の授業において蓄積した学習状況の見取りの記録や小テスト等を基に，学習や指導に役立てるために行う評価。

③総括的評価：単元，学期や年間等の一定の期間を経て，児童の学習状況を総括的に捉え，目標がどの程度達成されているのかを把握するために行う評価。

3　年間評価計画の作成

平成29年改訂の学習指導要領の下，学習評価については，学習と指導の改善を図ることができるようにすることとともに，教師の負担を軽減し，信頼性の高い評価を実現することが求められている。そこで重視されるのが評価の時期や場面の精選である。前述のように，外国語活動では３領域，外国語科では５領域を，３観点から評価することになっているが，その全てを毎時間，学級全児童に対して行い，学習状況を記録に残すことは現実的ではない。育成すべき資質・能力をバランスよく指導し，評価し，各領域の目標を達成するため，学校の教育目標や児童の実態などに合わせて指導の重点化を図り，計画的に取り組むことが大切である。

それには以下のようなマトリクスを作成し，年間評価計画を立てることが有効ではないだろうか。単元や時期を横軸，領域を縦軸に取り，５領域を３観点に分け，重点的に指導と評価を行うものに「◎」を記した。こうすることにより，評価時期や場面が精選され，見通しをもって指導と評価を行うことができる。評価への負担を少なく，かつ場当たり的なものにしないためにも，年間評価計画を作成し，それに基づいて実効性のある「単元ごとの指導と評価」を進めていきたい。

年間評価計画(例)　外国語科第５学年(３学期制)

※◎は単元において重点的に指導する領域と単元を示す。
　◎が付いていない領域や単元についても，単元の目標に向けて指導は行うが，記録に残す評価は行わない。

領域	観点	１学期			学期末		総括	２学期	
		Unit 1	Unit 2	Unit 3	ペーパーテスト	パフォーマンステスト		Unit 4	Unit 5
聞くこと	知・技	◎	◎		◎	◎	集めた評価材料等に基づき、観点別の総括評価を行う。	◎	
	思・判・表		◎		◎			◎	
	態度				◎			◎	
読むこと	知・技								◎
	思・判・表								
	態度								
話すこと〔やり取り〕	知・技	◎	◎			◎		◎	
	思・判・表	◎	◎			◎		◎	
	態度		◎			◎		◎	
話すこと〔発表〕	知・技			◎					◎
	思・判・表			◎					◎
	態度			◎					◎
書くこと	知・技				◎			◎	◎
	思・判・表								◎
	態度								

【妥当性，公平性，信頼性】

児童の学習状況を適切に把握し，評価，評定や学習と指導の改善に生かす評価を実現するためには，次の３点に配慮することが大切である。

①妥当性：測りたい資質・能力に合っているか。

②公平性：客観的で，評価者が誰でも同じ評価を得られるようになっているか。

③信頼性：同じ人が何度受けても同じ評価が得られるようになっているか。

4　評価基準の設定

評価計画に基づいて，どのように単元ごとの指導と評価を進めるかについては，「学習評価の参考資料」を参照されたい。ここでは，目標に準拠した評価のための基準づくりについて述べる。

①評価基準とは

繰り返しになるが，学習指導要領が示す目標を実現するため，各学校にはその実現状況を「知識・技能」「思考・判断・表現」「主体的に学習に取り組む態度」の３観点ごとに評価することが求められている。そこで必要とされるものが「評価規準」と「評価基準」である。

評価規準：設定した目標に対して，それが達成されたときに児童がどのような学習状況にあるのかを具体的に示したもの。

評価基準：目標の実現度合いを段階別に評価するために，それぞれの段階に対応する学習状況の特徴を示したもの。児童の目標の実現状況を分析的に判断するための指標であり，いわば評価の「ものさし」と言える。

「評価基準」は，「評価規準」に照らして「何がどのくらいできているか」の形で文章化したものが使われることが多い。小学校段階では，以下の３つの段階ごとに記述する。

「十分満足できる」状況	(a)
「おおむね満足できる」状況	(b)
「努力を要する」状況	(c)

評価の実施に当たっては，単元ごとに活動等における取り組み状況を「評価基準」に照らし合わせて評価し，記録に残す。単元末や学期末では，そのようにして蓄積された評価を総括し，その結果を通知表や指導要録等に反映させる。なお，記録においては，単元内の各活動の評価では小文字，単元末や学期末の総括的評価（評定）は大文字を用いて区別する。

評価規準と評価基準の役割（イメージ）　※単元の配当時間を７時間，評価場面を５～７時間目に設定しているとする。

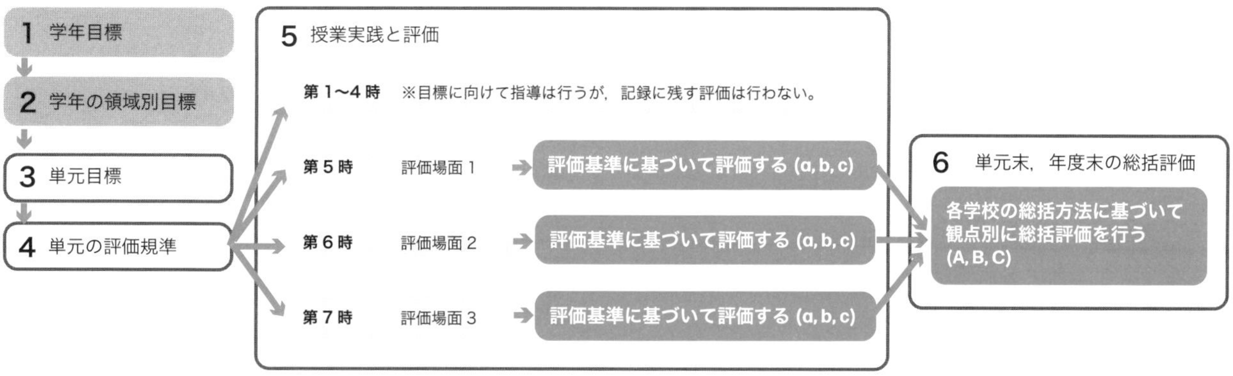

②評価基準を設定する意義

学習評価は，測りたい資質・能力に合わせて，児童の学習状況を的確に把握することができる方法を選んで行う。つまり，指導したことを児童が身に付け，活用している状況を確認するために評価を行うのである。例えば「目的に合わせて既習の語句や表現を用いて自分の考えや気持ちを発表する」ことを指導した場合には，そのことを実際に行っている姿を直接的に評価することになる。また，「思考・判断・表現」を評価するためには，思考・判断した過程や結果をどのように表出しているかという姿から見取る必要がある。

しかし，実際に活動に取り組む様子を評価することは簡単ではない。外国語活動，外国語科においては，行動観察やパフォーマンステストが用いられることが多いが，パフォーマンスの質は数値で評価することが難しく，評価者の主観の影響を受け易い。そのため，評価者間の主観の違いによる評価のぶれも生じやすくなる。学習と指導の改善に活用されるとともに，学期末や学年末における総括的な評価である「評定」の基礎資料となる評価が，信頼性や公平性に欠けるものであってはならない。そこで，評価基準を作成し，児童一人一人の学習状況をできるだけ客観的かつ分析的に把握することに役立てることが必要になる。

③評価基準の設定と運用に当たっての留意事項

評価基準は，評価規準に照らし合わせ，児童の実態を踏まえて作成する。学級によって評価結果にばらつきが生じることを防ぐために，学年の教師間で話し合って作成することが望ましい。教師一人一人の捉え方の違いを確認して標準化を図るとともに，複数の人が関わることで，より児童の実態に合った指標を定めることができるだろう。しかし，実際にそれを用いて評価を実施する際には，判断に迷うことや評価基準を見直す必要性を感じることが起こりうる。そのような情報を教師間で共有し，評価基準の改善を図ることが大切である。信頼性，公平性を備えた評価のために，改善された評価基準を常に教師間で共有するようにしたい。

さらに，評価基準を用いて蓄積された児童の評価の記録を総括し，評定をつけるためには，総括方法についても学校で統一する必要がある。

④評価基準の設定のポイント

評価基準を作成する際は，評価場面となる活動に取り組む児童の姿を思い浮かべ，評価規準に照らし合わせて，「おおむね満足できる」（b）と評価できる状況を具体的に文章に表す。その後，「十分満足できる」（a）と評価できる状況を検討し記述する。公平で信頼性のある評価ができるよう，できる限り詳細に記述することが大切である（次ページ「4　評価基準」下線参照）。以下に「学習評価の参考資料」事例4「We Can! 2」Unit 4「I like my town.」を参考に，「話すこと[発表]」の評価基準の例を示す。（事例では「読むこと」「書くこと」が評価規準に含まれているが，ここでは「話すこと[発表]」に焦点化した）。

○学年　6年
○教材名　「We Can! 2」（文部科学省）
○単元名　Unit 4「I like my town.」

1　単元目標

自分たちが住む地域について相手に伝えるために，伝えようとする内容を整理した上で，自分の考えや気持ちなどを，発表したり，書かれた例文を参考に書いたりすることができる。

2　評価規準

	知識・技能	思考・判断・表現	主体的に学習に取り組む態度
話すこと［発表］	<知識>施設・建物を表す語句や We (don't) have ～., We can enjoy/see ～., I want ～., の表現について理解している。 <技能>自分たちが住む地域について，施設・建物を表す語句や We (don't) have ～., We can enjoy/see ～., I want ～. の表現等を用いて，自分の考えや気持ちなどを話すために必要な技能を身に付けている。	自分たちが住む地域について，相手に伝わるように，自分の考えや気持ちなどを話している。	自分たちが住む地域について，相手に伝わるように，自分の考えや気持ちなどを話そうとしている。

3　評価場面・評価方法

○評価場面　第７時【Activity 2】

6 時間目に作成した自分たちの住む町のミニポスターを使って，自分たちが住む地域について，相手に伝わるように，自分の考えや気持ちを話す。

○評価方法　行動観察

4　評価基準

	知識・技能	思考・判断・表現	主体的に学習に取り組む態度
a	施設・建物を表す語句や We have ～., We can enjoy～. などの表現を理解し，それらを正しく用いて，言いよどむことなく，自分の考えや気持ちを話している。	自分たちが住む地域について，相手に伝わるようにという目的に応じて，情報を加えて内容を深めたり質問をしたりするなど工夫しながら，自分の考えや気持ちを話している。	自分たちが住む地域について，相手に伝わるようにという目的に応じて，情報を加えて内容を深めたり質問をしたりするなど工夫しながら，自分の考えや気持ちを話そうとしている。
b	時折言いよどんだり，一部に間違いが見られたりするが，施設・建物を表す語句や We have ～., We can enjoy ～. などの表現を用いて，自分の考えや気持ちを話している。	自分たちが住む地域について，相手に伝わるようにという目的に応じて，自分の考えや気持ちを話している。	自分たちが住む地域について，相手に伝わるようにという目的に応じて，自分の考えや気持ちを話そうとしている。
c	上記に満たない場合	上記に満たない場合	上記に満たない場合

※各時の目標

第１時	様々な施設などの言い方や，地域にある施設，ない施設について表す表現について理解する。
第２時	地域にある施設やない施設について，話すことができる。
第３時	自分たちが住む地域のよいところなどについて，自分の考えや気持ちを話すことができる。
第４時	自分たちが住む地域について，相手に伝わるように，地域への願い（欲しい施設とその理由）などについて，伝えようとする内容を整理した上で，自分の考えや気持ちなどを話すことができる。
第５時	相手が住む地域について，よりよく理解するために，音声で十分に慣れ親しんだ語句や表現で書かれた友達の考えや気持ちなどを推測しながら読んで意味が分かる。自分たちが住む地域について相手に伝わるように，そのよいところや願いも含めて，例文を参考に自分の考えや気持ちなどを書くことができる。
第６時	自分たちが住む地域について，相手に伝わるように，そのよいところや願いも含めて，例文を参考に自分の考えや気持ちなどを書くことができる。
第７時	自分たちが住む地域について，相手に伝わるように，伝えようとする内容を整理した上で，地域のよいところや願いも含めて，自分の考えや気持ちなどを話すことができる。
第８時	自分たちが住む地域についてよりよく理解するために，地域のよさや願いも含めて，音声で十分に慣れ親しんだ語句や表現で書かれた友達の考えや気持ちなどを推測しながら読んで意味が分かる。

05 評価② 外国語科の評価の実施

1 評価方法

評価方法は，目標に準じて測りたい資質・能力を的確に測ることができるものを用いることが大切である。「学習評価の参考資料」に示された事例では，外国語科の評価の方法として，①行動観察，②作品分析，③振り返りシート分析，④ペーパーテスト，⑤パフォーマンス評価の５つに言及している。本項では，それぞれの評価方法の特徴や実施上の留意点等について実践事例を踏まえて考察する。

①行動観察

授業中の発言や行動の観察を通して児童の学習状況や目標達成状況を見取る方法である。「聞くこと」「読むこと」「話すこと[やり取り]」「話すこと[発表]」「書くこと」の５領域，「知識・技能」「思考・判断・表現」「主体的に学習に取り組む態度」の３観点の評価が可能である。

この方法の最大のよさは，授業中の評価場面において児童の学習状況を捉えたその場で，直ちに見取りを指導や学習の改善につなげることができる点にある。例えば，相手の反応に応じて会話を広げやり取りを続けた児童に「言葉を付け足したり質問したりして話を続けているね。Great!」と称賛の言葉を掛けることで，児童に次の活動への意欲付けを図ることができる。行きたい国についてワークシートに書き写す活動の途中で間違いが見られた児童に「Oh, you want to go to Brazil?　That's nice!　ところで，国の名前の最初の文字はこれでいいのかな」のように対話をしながら助言をすると，児童は誤りに気付いて修正することができる。多くの児童に共通の課題が見られた場合は，活動を中断して指導し，児童一人一人の自己調整を促すことも可能となる。

行動観察による評価の記録は，名簿や座席表などに児童の学習状況の見取りをa，b，cの３段階で記録したり，その根拠となる児童の特徴的な発言や行動をメモに取ったりする方法が一般的である。この記録の蓄積は，長期的な視点から児童一人一人の変容を把握したり，授業を分析し改善を図ったりするための評価材料となる。

[事例 1]

○学年　5年
○教材名　「We Can! 1」(文部科学省)
○単元名　Unit 5「She can run fast.　He can jump high.」(第３～５時/全７時)

本事例は，第３時のものである。単元計画に従い新しい言語材料を導入し，最後の活動には，言語活動が設定されていた。目標は「Can you ～?の表現を知り，前時に学習した動作を表す表現を用いて，できることを尋ねたり答えたりすることができる」である。言語材料に出合わせたばかりであること，前時に学習した語句にまだ十分に慣れていないことから，評価計画では記録に残す評価は行わない時間に位置付けられていた。

終末の言語活動「となり同士で，できるかどうかを尋ね合ってみよう」では，楽しそうに尋ねたり答えたりしている児童の様子が見られた。しかし，Can you play cooking?，Can you soccer?のように動作を表す表現の理解が十分ではない状況が見られた。児童1は，言いよどむことが多く，I can swimming.，Can you play unicycle?など表現の誤りも多かった（右下の図版はそのときの行動観察のメモである。指導改善に生かし，総括評価には活用していない）。行動観察によってこのような学習状況を見取った担任は，中間指導の場面を設け，Can you ～?を用いて望ましいやり取りをしていた児童やALTに実演してもらい，気付いたことを発表させたり，よかったところを賞賛したりして指導の改善を図った。

第4時では，チャンツの回数を増やしたりALTとのやり取りの時間を多く確保したりして，言語材料に慣れ親しむ活動を意図的に増やした。また，グループワークにおける学習状況を適宜見取り，個別に指導を行った。

第5時の冒頭のSmall Talkで，児童1がCan you swim?，Can you ride a unicycle?と動作を表す表現を正しく用いて堂々と話す姿が見られた。

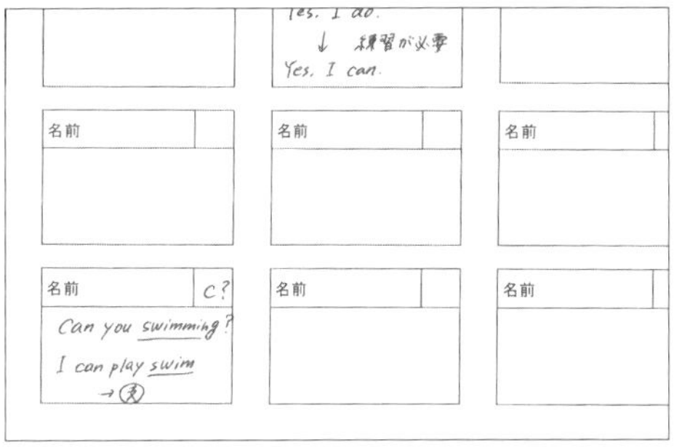

もし第3時に児童1を「知識・技能」の観点で評価したとすれば，「努力を要する」状況（c）であっただろう。しかし，行動観察による評価を踏まえて教師が指導改善を図ったことにより，第5時には「おおむね満足できる」状況（b），あるいは「十分満足できる」状況(a)にまで学習の改善が見られた。教師が単元前半に把握した学習のつまずきにすばやく対応し，児童がALTや友達とのやり取りの中で誤りに気付いて調整し，後半には正しく理解することができるようになった姿を見て，「学習過程における評価」の効果を実感した。同時に，児童が言語材料について理解し，活用できるようになるまでには時間が掛かることを改めて認識し，言語材料を導入してすぐに「知識・技能」の記録に残す評価を行うことは適当ではないと確認できた。また，安全面や生徒指導面で常に学級全体に目を配る必要がある担任が，限られた時間内に児童の学習状況を個別に見取るには工夫が必要である。これらを踏まえ，行動観察による評価のポイントを次のように考える。

行動観察による評価のポイント

- **事前に評価対象とする領域や観点，評価基準を明確にする。また，その場で指導や学習の改善を図ることができるよう，改善方法にも具体的な見通しを立てておく。**
- **単元や学期を通して児童全員の評価ができるように計画を立てる。複数の教員で指導に当たる場合は，担当の割り振りをする。**
- **名簿や座席表など定型の用紙を使用し，記録したり見返したりしやすくする。**

②作品分析

児童が作成したワークシートやポスターなどの作品を基に学習状況の評価を行う方法である。外国語科では「聞くこと」「書くこと」「読むこと」において3観点の学習状況を評価する方法として用いられることが多い。

授業中の行動観察とは異なり，作品は目に見える形で残るため，事後に児童全員の学習状況について客観的，分析的な評価ができるというよさがある。また，一連の作品を蓄積してポートフォリオを作成すれば，児童による長期的な学習の振り返りや，教師が各児童の変容を捉える分析的評価などに役立てることができる。

[事例 2]

○学年　5年
○教材名　「We Can! 1」（文部科学省）
○単元名　Unit 5「She can run fast. He can jump high.」（4/7時間）
○評価規準

聞くこと	知識・技能
	相手のできることやできないことを聞き取っている。

【Let's Listen 2】で，動物を紹介する短い話を音声で聞き，それがどの動物についての話なのかを考える活動を行う。そこで，音声を聞いて分かったことを書き留めるワークシートを活用し，語句や表現に関する知識と聞き取る技能の学習状況を評価した。

右のワークシートは児童2のものである。授業中の行動観察では，語句や表現の理解が十分でないように思われたが，ワークシートの記述から，音声を1回目の視聴でほとんど聞き取ることができていたことが分かり，「おおむね満足できる」状況（b）であることを確認することができた。

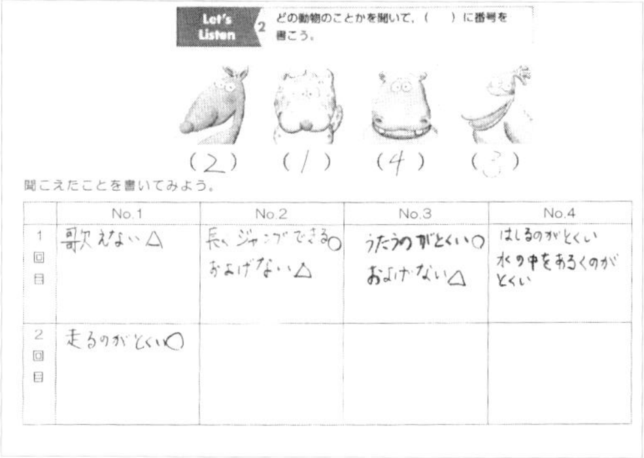

児童 2 のワークシート

本事例では，授業中には知識を十分に理解できているように見えていた別の児童が，ワークシートにほとんど書き込みをしておらず，特定の表現以外は理解途上の学習状況であることを捉えることもできた。こうした把握を基に，児童一人一人に応じた指導と学習の改善計画を検討した。なお，振り返りカードの記述から，この活動によって児童が自分の学習状況を具体的に把握することができ，その後の学習への意欲を高めたことが分かった。

[事例 3]

○学年　6年
○教材名　「We Can! 2」（文部科学省）
○単元名　Unit 4「I like my town.」（6/8時間）
○評価規準

	知識・技能	思考・判断・表現	主体的に学習に取り組む態度
書くこと	自分の住む町のよさや自分のことについて，施設・建物，動作に関する語句，We have ～.，It's ～.，We can enjoy ～. などを用いて，考えや気持ちを含めて書いている。	自分たちが住む地域について，相手に伝わるように，伝えたい内容を整理した上で，町の施設やそこでできること，自分のことなどを書いている。	自分たちが住む地域について，相手に伝わるように，伝えたい内容を整理した上で，町の施設やそこでできること，自分のことなどを書こうとしている。

下の２例は,【Activity 2】において，自分の町のよいところや自分のことを紹介するために，音声で十分に慣れ親しんだ語句や表現を自分の考えや気持ちを含めてポスターに書くための下書きである。児童３は，学習した言語材料を活用し，自分たちの住む町のよさや自分の考えとして，公園があること，ジョギングができること，そこはすてきな場所であることを挙げ，自分は運動が好きであると自己紹介もしている。その際，語句や表現を正しく書いているので,「知識・技能」は「十分満足できる」状況（a）と判断できる。また，自分たちが住む地域について紹介することを考え，それを表現する語を既習のものから探したり，巻末のWORD LISTを調べて選択したり，相手に伝わりやすいように語と語の間を適切に空けたりしていることから,「思考・判断・表現」も「十分満足できる」状況（a）と判断する。一方，児童４については，これまで書き溜めたものやWORD LISTを参考に記す際に，単語と単語の間隔を適切に空けていなかったり，書き写しを間違えたりしていることから,「知識・技能」の観点で「努力を要する」状況(c)と判断した。一方，目的に向けて内容を自分のことと関連させ，既習語句や表現から選んで内容を記していることから，他の２観点は「おおむね満足できる」状況(b)と判断した。

児童３のワークシート

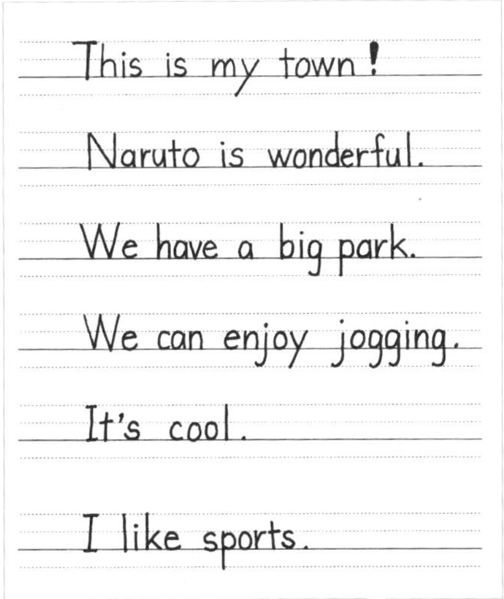

児童４のワークシート

児童４については，授業中に学習改善を図っていたら異なる作品となっていた可能性が考えられる。行動観察によって学習状況を把握し，その場で助言するなど学習改善につなげる手立てを講じることが大切である。

作品分析による評価のポイント

- 測りたい観点に合った評価方法を考える。
- 活動内容に沿って，どの観点で見取るかを考える。
- 結果としての作品の評価に終わらせず，学習や授業の改善に生かすようにする。

③振り返りシート分析

振り返りシートは，１時間，あるいは単元や内容のまとまりごとに，児童自身が一連の学習状況を振り返るための自己評価用シートである。一般的に，単元の目標や各時間のめあて，学習活動に対応した質問事項などが記載され，児童が自身の取り組み状況について2，３段階で自己評価したり，自由記述欄に気付いたことや心に残ったことなどを文章で記述したりすることができるようになっている。児童による自己評価であるため，一定の主観による偏りは避けられないが，振り返りシートを活用することには以下のような利点がある。

①児童が自らの学びを振り返る機会をつくる

児童が自らの学習状況を振り返り，何を身に付けたか，何ができるようになったかなどを確かめることで，児童は自分のがんばりや成長に気付いたり，自らの学習の不十分な点に気付いて調整したりすることができるようになる。新たな目標を発見し，前向きに学習に取り組もうとする態度の醸成にもつながる。

②児童が他者と学びを共有する場をつくる

記入後に気付いたことや感想などを発表し合う場面を設定することによって，児童は学習改善につながる他者の考え方や取り組み方を知ることができる。こうした振り返りの交流は，児童にとって自らの学びを深める貴重な機会となる。

③教師が，授業中の発言や行動に現れにくい児童の努力の過程や心の動きを把握できる

活動の様子や作品からだけでは，児童が目標の実現に向かって，どのような気持ちで，どのように学習に取り組んでいるのかを見取ることは難しい。毎時間，全ての児童の学習の過程を授業中の行動観察だけで見取ることも現実的ではない。振り返りシートを活用することによって，教師はその記述を基に児童一人一人の取り組み状況を把握することができ，個に応じた学習の改善や，指導改善の手掛かりを得ることができる。

［事例 4］

◯学年　6 年
◯教材　「We Can! 2」（文部科学省）
◯単元　Unit 4「I like my town.」（5/8 時）

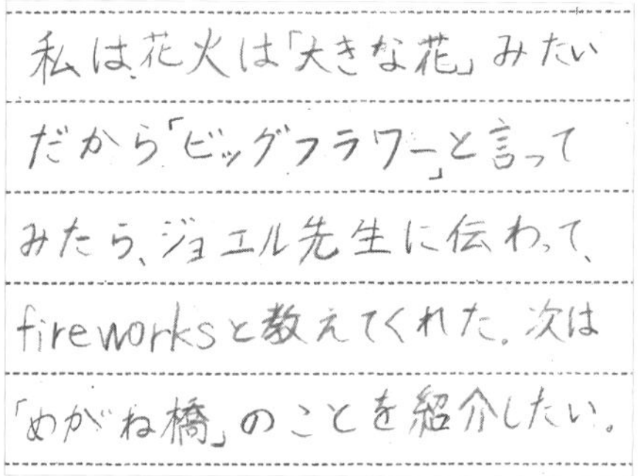
私は花火は「大きな花」みたい
だから「ビッグフラワー」と言って
みたら、ジョエル先生に伝わって、
fireworksと教えてくれた。次は
「めがね橋」のことを紹介したい。

児童 5 の振り返りシート

右は，自分たちの住む町のよいところを紹介するパンフレットを作るために，何を紹介するかを考える学習活動を振り返った児童 5 の記述である。花火を紹介するために児童が既有の知識及び技能を活用して課題を解決しようと粘り強く取り組み，新たな課題に向かおうとする意欲を高めた様子を読み取ることができる。

この［事例4］から，振り返りシートは「思考・判断・表現」「主体的な学習に取り組む態度」の観点の見取りに有効であることが分かった。しかし，振り返りシートによる評価を行うためには，記入する時間の確保が課題となる。そこで，以下のように見取りたい観点に応じた振り返りの視点をあらかじめシートに記載することを勧めたい。

振り返りシートの質問項目の例

日付	今日の学習をふり返ろう。		感想（心に残ったことや気付いたこと，新しい発見など）
④	【めあて】地域への願いについて伝え合おう。		
	先生の話やビデオの登場人物の話を聞いて，欲しい施設やその理由が分かった。	とても　まあ　あまり	答えやすい選択肢の提示
	Small Talk では，話題に合わせて，これまでに学習した英語を使って，自分の考えや気持ちを伝え合うことができた。	とても　まあ　あまり	「思考・判断・表現」の振り返りの視点
／	自分の考えや気持ちが相手により伝わるよう，話す順番や言い方を工夫したり，友達の発表を参考にしてよいところをまねたりしようとした。	とても　まあ　あまり	「主体的に学習に取り組む態度」の振り返りの視点

[事例 5]

◯学年　5 年
◯教材　「We Can! 1」
◯単元　Unit 5「She can run fast. He can jump high.」
（第 1 ～ 4/8 時）

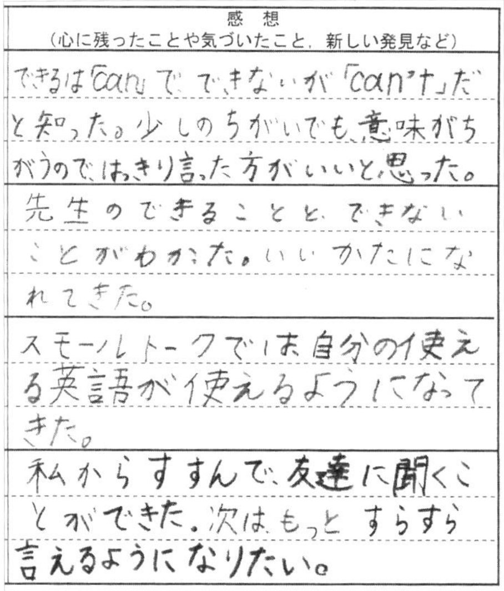
感想
（心に残ったことや気づいたこと，新しい発見など）
できるは「can」で，できないが「can't」だと知った。少しのちがいでも，意味がちがうので，はっきり言った方がいいと思った。
先生のできることと，できないことがわかった。いいかたになれてきた。
スモールトークでは自分の使える英語が使えるようになってきた。
私からすすんで，友達に聞くことができた。次は，もっとすらすら言えるようになりたい。

児童 6 の振り返りシート

右は，児童 6 の 1 ～ 4 時間目の振り返りシートの自由記述欄である。第 2 時に「言い慣れてきた」，第 3 時に「スモールトークで英語が使えるようになってきた」，第 4 時に「もっとすらすら言えるようになりたい」と記述している。これは自らの学びを振り返りながら自分自身の成長を確認し，次の課題を見つけている姿であると捉えることができる。

評価の観点に照らし合わせれば，「思考・判断・表現」「主体的に学習に取り組む態度」の 2 観点で見取ることができると考えられる。「思考・判断・表現」の観点では，これらの記述は児童による自己評価であることに注意し，授業中の行動観察や作品分析，パフォーマンス評価等とともに評価の総括を行う際の参考資料として生かす。一方，「主体的に学習に取り組む態度」については，振り返りの記述から児童が学習に見通しをもって取り組むことができているか，自己の学習の質を高めるための調整を行えているかを見取り，評価に生かす。

振り返りシート分析による評価のポイント

- 振り返りの視点を明確にし，学習状況を見取りたい観点に合った質問項目を設定する。
- 振り返ったことを発表し合う場面を設け，児童の学びを深めるようにする。
- 児童の記述は，学習と指導の改善に生かし，評価の総括では参考資料として活用する。

④ペーパーテスト

- 1 回目のテストよりも確実に，分かることがふえたと思います。
- 前に比べて，アルファベットの A ～ Z 大文字小文字がスラスラ書けるようになってうれしかったです。これからの学習もがんばりたいです。
・英語の文を聞いて意味がすべてわかった。アルファベットも完ぺきだった。文字が書けるようになったので，もっと長い文を書いてみたい。　（表記は原文ママ）

これらは，筆者が以前勤務していた研究開発学校で5年児童を対象として実施した2回目のペーパーテスト（「チャレンジクイズ」の名称で実施）の感想である。児童一人一人が自分の成長や成果を確認して自信を深めている様子や，新たな課題を見つけて取り組もうとする意欲が向上した様子が分かる。実は，筆者を含め教師たちにとって，児童からこれほどの好反応が得られたことは驚きであった。実施前は，テストで学習状況を数値化されることが外国語学習へのネガティブな感情を生まないかと不安を抱いていたからである。児童がこのように肯定的に受け止めた理由は，「どれだけ英語を聞き取ることができるのか」「どれだけ英語が分かるのか」が可視化され，自分が「できるようになった」ことをはっきりと認識できたからだろうと思われる。ペーパーテストで目標の実現状況を見取ることのよさを児童に気付かされた。

ペーパーテストは，従来から小学校で一般的に用いられている評価方法の一つである。単元末や学年末など学習や時間のまとまりごとに，目標の達成状況を把握するために行われることが多い。授業中の行動観察は，その方法の特質上，どうしても児童ごとに評価場面，評価時期に違いが生じるが，ペーパーテストは学級児童全員を対象に，同じ問題，同じ条件下で実施できるため，客観性や信頼性が確保されやすい。高学年の外国語が教科に位置付けられ，これまで以上に客観的な児童の学習の到達状況の見取りが求められることから，ペーパーテストも評価方法の一つとして実施を検討することが考えられる。しかし，その実施に当たっては次のような配慮が必要であり，慎重に設計し，実施することが望まれる。

①児童の実態に合った設問か

題材は，児童の実態に合った日常生活に関する身近で簡単な事柄を扱う。また，扱う言語材料は，音声で十分に慣れ親しんだ簡単な語句や基本的な表現である必要がある。

②評価したい領域，観点に合っているか

例えば，「思考・判断・表現」の評価には，コミュニケーションを行う目的や場面，状況などの設定が不可欠である。

③実施時期，時間は適切か

学習内容がどのくらい身に付いているかを評価するものである以上，実施時期が早過ぎれば適切な見取りは不可能である。また，指導に対して評価に掛ける時間が適切かを検討することも必要である。

特に，ペーパーテストだけでは十分に見取ることができない領域や観点があることを理解しておくことは大切である。このような特性を勘案すれば，ペーパーテストでの見取りは，学習や指導の改善に生かし，総括的評価のための評価材料の一つとして，授業中の行動観察や振り返りシート，作品分析，パフォーマンス評価等の評価と併用して評価の総括に生かすようにすべきだろう。

実施時期，観点や領域については以下のように整理できると考える。

ペーパーテストの実施についての整理

(1) 実施時期

［案1］授業中，もしくは単元末の最後にミニテストを実施

［案2］複数単元の学習後，または学期末に学習のまとめとして実施

［案3］案1と案2を併用

(2) 評価する領域と観点

領域	「聞くこと」「読むこと」「書くこと」
観点	「知識・技能」「思考・判断・表現」

次に2つのペーパーテストの例を紹介する。［事例6］は徳島県鳴門市内の小学校で行われた問題の例，［事例7］は香川県丸亀市内の小学校で実施されたテストを一部変更したものである。

[事例6]

◯学年　5年

◯実施時期　「We Can! 1」Unit 4「What time do you get up?」単元末

◯評価規準

聞くこと	知識・技能
	生活の動作を表す表現や，日課とそれを行う時間を聞き取っている。

◯評価基準

十分満足できる状況（a）	生活の動作を表す表現や，日課とそれを行う時間をすべて聞き取っている。
おおむね満足できる状況（b）	生活の動作を表す表現や，日課とそれを行う時間を3問中2問聞き取っている。
努力を要する状況（c）	上記に満たない状況

[問題]

TakeruがALTの先生に自分の日課について紹介しています。Takeruが次の3つのことを行う時間を書きましょう。

①

get up

［　:　］

②

go to school

［　:　］

③

go to bed

［　:　］

音声スクリプト

Hello. I'm Takeru. I usually get up at 6:30. I go to school at 7:40. I go to bed at 9:00.

[事例 7]

◯学年　5年

◯実施時期　「We Can! 1」Unit 2「When is your birthday?」単元末

◯評価規準

聞くこと	思考・判断・表現
	ALT の誕生会を開くという目的に応じて，ALT のまとまった話を聞いて，誕生日や好きなこと，欲しいものなどについての情報を聞き取っている。

◯評価基準

※授業では3観点から評価を行っているが，本事例の評価対象は「思考・判断・表現」のみとする。

	思考・判断・表現
十分満足できる状況（a）	ALT の誕生会を開くという目的に応じて，内容を整理しながら誕生日や好きなもの，欲しいものなどについて必要な情報を聞き取っている。
おおむね満足できる状況（b）	ALT の誕生会を開くという目的に応じて，誕生日や好きなもの，欲しいものなどについて情報を聞き取っている。
努力を要する状況（c）	上記に達していない。

[問題]

ALT のブリタニー先生の誕生会をしたいと思います。誕生会では，どんなことをしたらブリタニー先生に喜んでもらえると思いますか。話を聞いて分かったことをもとに，アイデアを書いてみましょう。

聞こえたことのメモ

ブリタニー先生に喜んでもらえるような誕生会のアイデアを書きましょう。

音声スクリプト

Hello, everyone. I'm Brittany. My birthday is December 15th. I like red. I love sports. I like baseball. I want a new ball and an umbrella. My favorite food is donuts. See you next class.

右は，「思考・判断・表現」の観点において「十分満足できる」状況(a) と評価した児童7，児童8 の記述である。

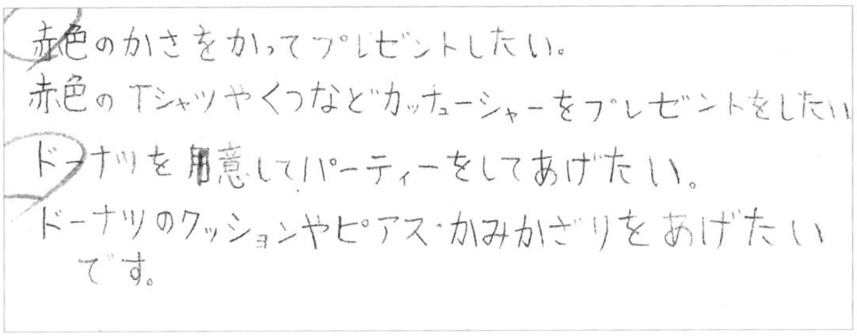
赤色のかさをかってプレゼントしたい。
赤色のTシャツやくつなどカッチューシャーをプレゼントをしたい
ドーナツを用意してパーティーをしてあげたい。
ドーナツのクッションやピアス・かみかざりをあげたいです。

児童7

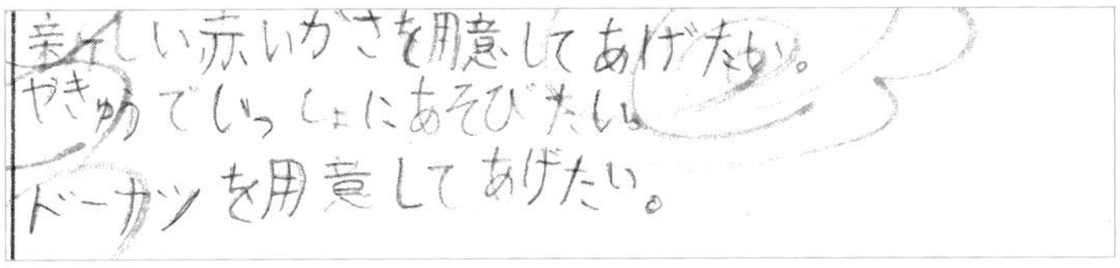
新しい赤いかさを用意してあげたい。
やきゅうでいっしょにあそびたい。
ドーナツを用意してあげたい。

児童8

児童7 は，ブリタニー先生の話から「赤が好き」「新しい傘が欲しい」「ドーナツが好き」という情報を聞き取り，誕生日を祝うために，赤い傘や赤，ドーナツをモチーフとしたものをプレゼントしたり，ドーナツパーティを開いたりしたいと考えたことが分かる。

児童8 は，「赤が好き」「新しい傘が欲しい」「スポーツが好き」「野球が好き」「ドーナツが好き」という情報を聞き取り，誕生日を祝うために「新しい赤い傘をプレゼントしたい」「一緒に野球で遊びたい」「ドーナツを用意したい」と考えたことが分かる。

ペーパーテストによる評価のポイント

- 評価したい領域，観点に合わせて適切な問題，解答方法を設定する。
- ペーパーテストの結果は，学習と指導の改善に生かし，評価の総括では評価材料として活用する。

⑤パフォーマンス評価

パフォーマンス評価（テスト）とは，実生活や実社会の課題に似せた場面や状況を設定し，その解決のために知識や技能を活用する姿，またはそのようにして作られた作品から評価を行う方法を指す。近年，多様な評価方法の一つとして様々な教科で用いられるようになっている。小学校外国語科では，プレゼンテーションやインタビュー，ALTや指導者とのやり取りなどに取り組む姿から「聞くこと」「話すこと」の学習状況を見取る事例が多く見られる。

外国語教育においてパフォーマンス評価を行うことの長所は，主に次の3つが考えられる。

①児童が英語を用いた「本物」のコミュニケーションを体験することができる

次ページに掲載したのは，インタビュー形式のパフォーマンス評価で，ALTと対話をした際の児童の感想である。児童にとって，ALTと一対一で向き合って話すことが楽しかったこと，英語で伝え合うことができ，自信を深めていることを読み取ることができる。

普段の授業では，個々の児童がALTと向き合って話す時間を長く取ることは難しいが，パフォーマンス評価では可能である。また，学習したことを試す「本物」のコミュニケーションを体験する評価場面となるため，児童がコミュニケーションの楽しさや難しさ等を実感したり，新たな課題を見つけて学習意欲を高めたりすることができる貴重な機会となる。

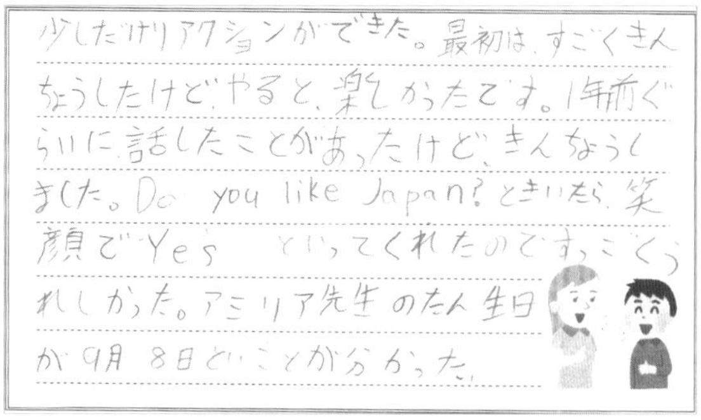

②児童全員を対象に，個々の到達状況を見取ることができる

前出のペーパーテストでも触れたように，授業中の行動観察は，その特質上，全ての児童を同一の状況下で評価することが難しいが，パフォーマンス評価ではそれが可能である。ルーブリック（評価基準）を用いることや，パフォーマンスを録画し，同じルーブリックを用いて複数人で評価することによって，評価の妥当性や信頼性をさらに高めることもできる。

③生きて働く「知識・技能」，「思考・判断・表現」，「主体的に学習に取り組む態度」の観点を児童の姿から見取ることができる

授業中の行動観察やペーパーテスト，ワークシート等だけでは見取りにくい3観点から，資質・能力がバランスよく育成されているかを評価することができる。

一方でこの評価方法には課題もある。一つは時間の確保の問題である。児童と指導者の対話形式で実施する場合，児童一人当たりの配当時間を2分として，30人学級では60分が必要である。そのための時間を生み出す工夫としては，例えば，各学期に1回の実施であれば，各単元の配当時間を調整する方法や，授業中に作品づくり等と並行して行う方法，あるいは余剰時間を活用する方法などが考えられる。指導体制や学校，児童の実態等に応じて，無理なく実現できる方法を検討したい。

こうした時間の確保の関係上，パフォーマンス評価は複数単元のまとまりや各学期末での実施となる。年に1～3回程度の実施では，中には緊張で普段の力が発揮できない児童もいるかもしれない。児童がリラックスして臨めるように，事前の言葉掛け，実施場所や座席の向きなど，場の設定を工夫することが大切である。

また，話すことに関するパフォーマンス評価は，パフォーマンスを通じて音声に関する資質・能力の育成状況を見取るためのものである。「教師の主観が影響しないか」「評価にぶれが生じるのではないか」など，評価の信頼性に不安を感じてしまうことがあるだろう。そのため，パフォーマンスとして表出されたものから資質・能力を測るための評価基準の設定が不可欠である。さらに，適切で公平な評価のために，評価基準は学年，学校で共有することが大切である。

次に，徳島県鳴門市内の小学校におけるパフォーマンス評価の事例を紹介する。

［事例8］

○学年　6年
○実施時期　1学期末
○実施方法　児童とALTの対話形式
○実施時間　児童一人当たり約3分

○評価方法　学級担任による行動観察と複数の教師のビデオ視聴による行動観察

○評価基準「話すこと［やり取り］」

	知識・技能	思考・判断・表現	主体的に学習に取り組む態度
a	誕生日や好きなもの，欲しいもの，町のよさなどについて，I like/want ～., I can ～., We have ～., Do you like ～?, What do you like/want?, When is your birthday?, My birthday is ～. 等を正しく用いて，言いよどむことなく考えや気持ちなどを伝え合っている。	自分や町のことをよく知ってもらったり，相手のことをよく知ったりするという目的に応じて，相手によく分かるように情報を加えたり，主体的に相手に質問をしたり答えたり，感想を言ったりして，自分や町のことについて，考えや気持ちなどを伝え合っている。	自分や町のことをよく知ってもらったり，相手のことをよく知ったりするという目的に応じて，相手によく分かるように情報を加えたり，主体的に相手に質問をしたり答えたり，感想を言ったりして，自分や町のことについて，考えや気持ちなどを伝え合おうとしている。
b	時折言いよどんだり，語句や表現の一部に間違いが見られたりするが，誕生日や好きなもの，欲しいもの，町のよさなどについて，I like/want ～., I can ～., We have ～., Do you like ～?, What do you like/want?, When is your birthday?, My birthday is ～. 等を用いて，自分の考えや気持ちを話している。	自分や町のことをよく知ってもらったり，相手のことをよく知ったりするという目的に応じて，自分や町のことについて，考えや気持ちなどを伝え合っている。	自分や町のことをよく知ってもらったり，相手のことをよく知ったりするという目的に応じて，自分や町のことについて，考えや気持ちなどを伝え合おうとしている。
c	上記に満たない場合	上記に満たない場合	上記に満たない場合

［課題］

アミリア先生に自分のことや自分たちの住む町のことを知ってもらって，仲良くなろう。

［事前指導］

担任は児童にALTと仲良くなるために「ALTとのおしゃべりタイム」を設けたことを告げる。そして，その目的を達成するために，これまで学習したことから何ができるかを問い，児童の言葉でルーブリックをまとめ，共有した。指導者が評価基準を提示することは控えた。

［事後指導］

事前に自分たちで考えた目的を達成するために必要なことを実現することができたかどうかを自己評価し，「振り返りシート」に記録する。

3観点を「十分満足できる」状況(a)と評価した児童とALTの会話

ALT: Hello.

Student: Hello.　How are you?

ALT: I'm great, thank you.　How are you?

Student: I'm good.

ALT: Can you introduce yourself?

Student: OK.　I'm (名前).　My birthday is May 29th.　I like tennis.
Do you like tennis?　主体的に質問をしている。

ALT: Yes, I do.　I like tennis, too.

Student: Nice!　感想を伝えている。
I like music.　I can play the piano.　情報を加えて話している。

ALT: Oh, you can play the piano?　Cool!

Student: Thank you.　Can you play the piano?　主体的に質問をしている。

ALT: No, I can't.　But I can sing well.　I like Japanese song.

Student: Oh! Great! 感想を伝えている。

What singer do you like?
主体的に質問をしている。

ALT: I like Yonezu Kenshi.

Student: Me, too. I like Yonezu Kenshi.

I like "Lemon". 情報を加えて話している。

What song do you like?
主体的に質問をしている。

ALT: I like "Paprika".

Student: Oh,"Paprika"! I like "Paprika", too.
感想を伝えている。

ALT: Do you like your town? Can you tell me about your town?

Student: Yes! I like my town. We have Oasa Hiko Shrine.

It's beautiful and cool.
自分の考えや気持ちを加えて話している。

ALT: Oh, I see. (以下略)

3観点を「おおむね満足できる」状況 (b) と評価した児童と ALT の会話

下は,「知識・技能」「思考・判断・表現」「主体的に学習に取り組む態度」の3観点で「おおむね満足できる」状況（b）と判断できるやり取りの例である。目的を達成するために既習表現等を使って質問したり自分のことを紹介したりしているものの，間違いや言いよどみがあり，質問内容がDo you like ～? に限られていることからである。

ALT: Hello.

Student: Hello.

ALT: Can you introduce yourself?

Student: OK. I'm(名前). I like sports.

ALT: Oh, you like sports. What sport do you like?

Student: I like tennis. …Do you like sports?
主体的に質問をしている。

ALT: Yes, I do. I like soccer.

Student: I can tennis. Do you like tennis?
誤りがある。 主体的に質問をしている。

ALT: Yes, I like tennis, too.

Student: I like Osaka Naomi.

ALT: You like Osaka Naomi. She is strong.

Student: I like Osaka Naomi.

She is nice. I like music, too.
考えを伝えている。 情報を加えて話している。

ALT: Me, too. I like music, too. I like rock music. What singer do you like?

Student: I like Lisa.

ALT: I see. You have a nice music hall in this town.

Student: Music…?
聞き取れなかったことを主体的に質問している。

ALT: ○○ Music Hall.

Student: ああ, ○○ホール。

ALT: Yes. ○○ Music Hall. Do you like your town?

Student: Yes.

ALT: Can you tell me about your town?

Student: えー。We have a park. Big.
誤りがある。

(以下、略)

児童は実施前は緊張していたように見えたが，事後には「ALTの意外なことを知ることができて楽しかった」「質問することができた」「言えなかったことがあるので，勉強して，もっとALTと話せるようになりたい」と感想を語り合っており，伝え合う喜びを味わったり，学習意欲を高めたりしていることがうかがえた。事前にパフォーマンスをする目的を知らせ，その目的を達成するために何が必要かを考えておくことで，相手意識や目的意識をもって取り組むことができたからだろうと推測される。

パフォーマンス評価による評価のポイント

- 実施する前に，パフォーマンスを行う目的を伝える。
- パフォーマンスから資質・能力を見取るための評価基準を設定し，教師間で共有する。
- 他の評価方法と同じように，パフォーマンス評価のみで全領域，全観点を評価しない。

2 フィードバック

これまで様々な評価方法についてその特性や実践の事例を示してきたが，評価の実施において欠かせないものがフィードバックである。

フィードバックは，辞書には「利用者からの意見や評価。それを関係者に伝えること」とあるが，学校教育では教師が児童に評価を伝えることや，児童同士で評価を伝え合うことの意味で使われている。通常の外国語活動，外国語科の指導において，フィードバックを行う場面はおおよそ次のように整理できる。

児童相互のフィードバック（グループ）

外国語活動，外国語科におけるフィードバックの方法(例)

評価場面		指導者	児童相互
毎時の授業	活動中	●個別，または学級全体のよい点を具体的に話し，賞賛する。 ●個別，または学級全体の誤りや課題に気付かせる言葉かけをし，学習改善を促す。	●グループやペアで相互評価を行い，よい点や改善点を伝え合う。
	終末の振り返り		●振り返りシートに自他のがんばったことやできるようになったこと，気付いたことなどを書く。
	授業後	●個別に作品や振り返りシートにコメントを書く。	●グループやペアで相互評価を行い，よい点や感想などを書く。
学期末・年度末		●通知表を通じて，観点別に学習状況を文章記述で伝える（外国語活動）。 ●通知表を通じて，観点別に３段階で評価をし，学習状況を数値評価等で伝える（外国語科）。	●学期末の振り返りシートでがんばったことやできるようになったことを確かめ，感想を共有する。

通常の授業以外の参観日や留学生等との交流会などでは，保護者やゲストによるフィードバックを実施することも可能である。

フィードバックは従来から通知表や評定などを用いて行われてきたが，実施が学期末や学年末などの事後に集中し，教師が自らの指導を振り返って改善に生かしたり，児童が課題を見出して学習を調整したりすることにはつながりにくいという問題が指摘されていた。評価を学習や指導の改善に生かすには，フィードバックは事後より学習の過程で行うことが重要だと考えられる。評価して終わりにすることは避けたい。

フィードバックの種類は，できている点を指摘する「肯定的フィードバック」と，改善すべき点を指摘する「否定的フィードバック」の二つに大別できる。後者はさらに，誤っていることをはっきり伝えてから正しい言い方を示す「明示的フィードバック」と，誤りへの気付きを促し修正に導く「暗示的フィードバック」に分けられる。例えば I can play unicycle. と言った児童に対して，「一輪車に乗ることを言うときは play unicycle ではなく ride a unicycle と言います」と伝えるのは「明示的フィードバック」である。一方の「暗示的フィードバック」は，指導者が Oh, you can ride a unicycle. と正しい言い方で返したり，I can play unicycle. と復唱したり，Play unicycle? と返して言いたいことが伝わっていないことを教えたりする方法である。

このようにフィードバックにも多様な方法がある。児童ができていること，がんばっていること，改善が必要なことを多様な方法で把握し，学習改善につながるよう，児童の実態や場面に応じて，より適切で効果的な方法を選択することが大切である。また，把握したことを基に指導者が指導の改善を図ることも忘れてはならない。

指導者によるフィードバックの例（授業後の振り返りシートへのコメント）

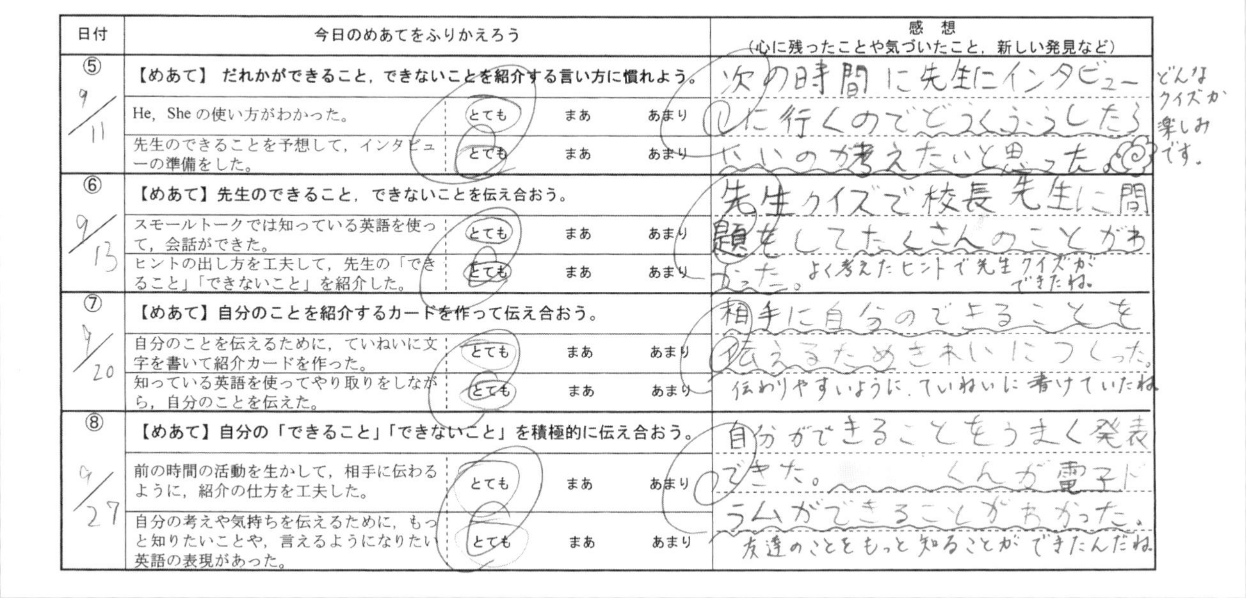

日付	今日のめあてをふりかえろう				感想（心に残ったことや気づいたこと，新しい発見など）
⑤ 9/11	【めあて】 だれかができること，できないことを紹介する言い方に慣れよう。				次の時間に先生にインタビューに行くのでどうくふうしたらいいのか考えたいと思った。（どんなクイズか楽しみです。）
	He，She の使い方がわかった。	とても	まあ	あまり	
	先生のできることを予想して，インタビューの準備をした。	とても	まあ	あまり	
⑥ 9/13	【めあて】先生のできること，できないことを伝え合おう。				先生クイズで校長先生に問題をしてたくさんのことがわかった。（よく考えたヒントで先生クイズができたね。）
	スモールトークでは知っている英語を使って，会話ができた。	とても	まあ	あまり	
	ヒントの出し方を工夫して，先生の「できること」「できないこと」を紹介した。	とても	まあ	あまり	
⑦ 9/20	【めあて】自分のことを紹介するカードを作って伝え合おう。				相手に自分のできることを伝えるためきれいにつくった。（伝わりやすいように，ていねいに書けていたね）
	自分のことを伝えるために，ていねいに文字を書いて紹介カードを作った。	とても	まあ	あまり	
	知っている英語を使ってやり取りをしながら，自分のことを伝えた。	とても	まあ	あまり	
⑧ 9/27	【めあて】自分の「できること」「できないこと」を積極的に伝え合おう。				自分ができることをうまく発表できた。　くんが電子ドラムができることがわかった。（友達のことをもっと知ることができたんだね。）
	前の時間の活動を生かして，相手に伝わるように，紹介の仕方を工夫した。	とても	まあ	あまり	
	自分の考えや気持ちを伝えるために，もっと知りたいことや，言えるようになりたい英語の表現があった。	とても	まあ	あまり	

3　評価の総括

毎時間の授業で観点別学習状況を評価し，残した記録は，単元末や学期末，学年末の総括的評価に生かすことになる。右ページ上は，児童9の1学期の評価の記録を表にまとめたものである。各単元で重点とした領域，観点に，学習状況を3段階で評価した結果を示している。これを基に「知識・技能」「思考・判断・表現」を確認すると，Unit 1からUnit 3へと学習を進めるにつれて学習が改善されている様子が見られる。このことを踏まえ，1学期の各観点を「知識・技能」は「十分満足できる」（A），「思考・判断・表現」は「おおむね満足できる」（B）とした。「主体的に学習に取り組む態度」については，「振り返りシート」の自己評価なども参考にしつつ，「思考・判断・表現」の観点と一体的に評価した。

次に児童10，児童11の「知識・技能」の観点の評価の記録を表にまとめたものを見てみよう。二人を比較すると，児童10は学期の始めは「努力を要する」状況（c）だったが，学期末最後のUnit 3では「十分満足できる状況」(a)となっている。一方の児童11は，学期を通して「おおむね満足できる」状況（b）であった。a，b，cを単純に数値に置き換えて平均して総括評価をしたならば，二人とも「おおむね満足できる状況」（B）になるだろう。しかし，外国語学習の特性を踏まえると，学期末での実現状況が重視される。児童10の方が評価規準に照らして実現状況が高いと評価した。このように，総括の方法が異なれば評価にぶれが生じることになる。そこで，信頼性，妥当性のある評価を実現するために，総括の仕方を学年間，学校間で共通理解を図ることが必要になる。そして，適切に見取った評価を，教師自身が指導の振り返りに生かすとともに，通知表や面談などの機会を通して児童や保護者に伝え，児童の学習の改善に生かすことができるようにすることが大切である。

児童 9 の 1 学期末の総括評価

		Unit 1	Unit 2	Unit 3	ペーパーテスト	パフォーマンス評価
聞くこと	知・技	b	b		a	a
	思・判・表		c		b	b
	態度		b		b	a
読むこと	知・技				b	
	思・判・表				a	
	態度					
話すこと[やり取り]	知・技			b		a
	思・判・表			b		b
	態度			a		b
話すこと［発表］	知・技	b	b			
	思・判・表	c	c			
	態度		c			
書くこと	知・技			b	a	
	思・判・表			b	b	
	態度					

		Unit 1	Unit 2	Unit 3	ペーパーテスト	パフォーマンス評価	学期末
総括	知・技	b	b	b	a	a	**A**
	思・判・表	c	c	b	b	b	**B**
	態度		c	a	b	b	**B**

児童 10, 11 の「知識・技能」の 1 学期の評価

	Unit 1	Unit 2	Unit 3	総括
児童 10	c	b	a	**A**
児童 11	b	b	b	**B**

鳴門教育大学准教授　佐藤美智子

第 3 章

実践事例

実践1

外国語活動

3年 「Let's Try! 1」Unit 4 : I like blue.　すきなものをつたえよう

聞くこと

「知識・技能」「思考・判断・表現」「主体的に学習に取り組む態度」

話すこと〔発表〕

「知識・技能」「思考・判断・表現」「主体的に学習に取り組む態度」

よりよい聞き方を身に付け，互いに自分のことを生き生きと伝え合う児童を育てたい。

宮城県仙台市立荒井小学校
加藤真由美 教諭
（実践時の勤務校　宮城県仙台市立富沢小学校）

質問 単元の最後の言語活動を「Tomilish Day」で行ったのは，どのような意図からですか。

Tomilish Day は富沢小学校独自の取り組みで，仙台市内の中学校のALT の皆さんに集まっていただき，子供たちと交流を図る全校行事です。日頃の授業では，子供たち全員がALT とやり取りをする機会を十分確保することは難しいのですが，Tomilish Day は大勢のALT が来校し，休み時間や給食の時間を含めて一日中交流するので，子供たちはALTと必ず1回はお話することになります。富沢小学校では1年生から外国語教育を実施しており，多くの子供が「勉強した英語を使って外国の人ともっと話してみたい」という思いを抱いて，この行事を楽しみにしています。

低学年ではまだ会話をするには十分な知識・技能が身に付いていないため，Tomilish Day での活動の中心は異文化理解です。ですから，3年生の子供たちに「3年生になって外国語活動で勉強しているから，今年はALT とお話ししてみよう」と伝えると，子供たちは燃えます。この貴重な機会を捉え，相手に自分のことを知ってもらって仲よくなるために生き生きと発表するようになってほしいと願い，単元計画を立てました。

質問 単元最後の言語活動の設定の理由を教えてください。

子供たちの実態から，自分のことを積極的に伝えられるようになるには，もっと自分に自信をもつことが必要ではないかと考えました。好きなことを伝え合ったり発表したりする活動を通して，自分のことについて改めてじっくり考え，友達の好きなことを知って自分の特徴に気付き，自己肯定感を高めることをねらいました。

発達の段階として，3年生は「自分のことを聞いてほしい」という思いが強く，相手の話をよく聞くことにはなかなか意識が向きません。でも，友達が自分の好きなことを尋ねてくれるかもしれないとなれば，集中して聞きます。すると，話す立場の子供は気持ちよく話すことができるようになります。よりよい聞き方を学ぶことで話す意欲を高めることができるし，話を受け止めてもらうことで自己肯定感の高まりも期待できるのではないかと考え，「聞くこと」も目標に設定しました。質問に答えてもらったら，相手の言った言葉を引用して繰り返すリアクションをモデルに示したのも，子供たちによい聞き方を身に付けてほしいと思ったからです。

質問 第４時の発表で，教室にステージを設置した意図は。

外国語教育では，言語活動が「本物」であることを重視しています。本単元は児童にとって初めての「話すこと[発表]」を目標とした単元だったので，本格的な，より「本物」らしい場を用意しました。壇上で発表することは楽しかったようですが，「いつもより緊張した」という感想もあったので，子供たちの学習状況を適切に見取ることができるように，評価場面の設定の仕方や言葉掛けなどで工夫する必要があると思いました。

質問 最後に本単元の実践を通して気付いたことは。

日常生活で慣れ親しんでいない英語を学習するという，一筋縄ではいかない学習の過程では，児童が間違いを恐れず言いたいことが言える，チャレンジができる雰囲気を作ることや，児童の成長や課題を適切に見取り，価値づけることが大切だと感じました。学習活動の基盤となる学習集団づくりと外国語活動との関連の深さを再確認しました。

単元計画

1 単元目標

友達ともっと仲良くなるために，相手に伝わるように工夫しながら，色やスポーツ，動物，食べ物などについて，好きかどうかを尋ねたり答えたりして伝え合ったり，好きなことを発表したりする。

2 評価規準

	知識・技能	思考・判断・表現	主体的に学習に取り組む態度
聞くこと	色やスポーツ，動物，食べ物などの言い方，I like ～.，I don't like ～.，Do you like ～?，Yes, I do. や No, I don't. などの表現を聞くことに慣れ親しんでいる。	みんなともっと仲よくなるために，色やスポーツ，動物，食べ物などについて，好みを伝える話を聞いて意味が分かっている。	みんなともっと仲よくなるために，色やスポーツ，動物，食べ物などについて，好みを伝える話を聞いて意味を分かろうとしている。
話すこと［発表］	色やスポーツ，動物，食べ物などについて，I like ～.，I don't like ～. などを用いて，好みを発表することに慣れ親しんでいる。	みんなともっと仲よくなるために，相手に伝わるように工夫しながら，色やスポーツ，動物，食べ物などについて，好みを発表している。	みんなともっと仲よくなるために，相手に伝わるように工夫しながら，色やスポーツ，動物，食べ物などについて，好みを発表しようとしている。

3 言語材料

表現	I like/don't like ～.，Do you like ～?，Yes, I do.，No, I don't.
語句	色（red, orange, yellow, green, blue, purple, white, black, pink, brown）
	スポーツ（baseball, basketball, soccer）
	動物（cat, dog, lion, monkey, snake）
	食べ物・飲み物（hot dog, ice cream, *katsudon*, milk, *natto*, pudding, tapioca tea）
	野菜，果物（apple, banana, carrot, cucumber, green pepper, kiwi fruit, onion, peach, strawberry, tomato）

4 準備物

●「Let's Try! 1」 ●「Let's Try! 1」デジタル教材 ●上記「語句」の黒板掲示用絵カード
●3時間目インタビューゲーム用の記録シート ●振り返りシート

5 指導と評価の計画

単元目標 友達ともっと仲よくなるために，相手に伝わるように工夫しながら，色やスポーツ，動物，食べ物などについて，好きかどうかを尋ねたり答えたりして伝え合ったり，好きなことを発表したりする。

時	指導	評価			
	目標				
	児童の主な活動	知・技	思・判・表	態度	評価規準<評価方法>
1	**日本と外国の虹の色の見え方の違いに気付くとともに，色の言い方や好きなものを伝える表現に慣れ親しむ。**				
	指導者が自身の服装や持ち物について話すのを聞き，様々な色の言い方を知る。				本時では記録に残す評価は行わないが，目標に向けて指導を行う。
	【A-1】自身が描いた虹を紹介する。				
	【W&T-1】外国の子供が自分の描いた虹を紹介する動画を視聴し，I like ～. の表現を知るとともに，様々な考え方があることに気付く。				
	ペアで自分の虹を紹介し合う。				
2	**好きなものや好きではないものを伝える表現に慣れ親しむ。**				
	[Small Talk] 好きな色を伝え合う。				本時では記録に残す評価は行わないが，目標に向けて指導を行う。
	【S】“The Rainbow Song”				
	指導者が自身の服装や持ち物について話すのを聞いて，I don't like ～. の表現を知る。				
	ペアで野菜についての自身の好みを伝え合う。ペアを替えて，何度か繰り返す。				
3	**みんなともっと仲よくなったり，保護者に自分の好みを知ってもらったりするために，スポーツや動物など様々なものについて，好きかどうかを尋ねたり，それに答えたりする。**				
	【C】“I like blue.”				本時では記録に残す評価は行わないが，目標に向けて指導を行う。
	指導者が食べ物や動物，スポーツについて話すのを聞いたり，好きかどうかの質問に答えたりして，Do you like ～? の尋ね方を知る。				
	答えを予想しながら，全員で一人の児童に食べ物や動物，スポーツについて好きかどうかを尋ねる。				
	ペアで食べ物や動物，スポーツについて好きかどうかを尋ねたり答えたりする。ペアを替えて繰り返す。				
4	**みんなともっと仲よくなるために，相手に伝わるように工夫しながら，色やスポーツ，動物，食べ物などについて，好みを発表する。**				
	【C】“I like blue.”				
	お菓子や果物について，好きかどうかを尋ねたり答えたりする。				
	【L-2】3 人の自己紹介を聴き，内容を聞き取る。				

…聞くこと　…話すこと〔やり取り〕　…話すこと〔発表〕　…書くこと　…読むこと

4	ペアで好きなものや好きではないものを発表し合う。				
	【A-2】スピーチで自分の好みを伝える。友達のスピーチを聞く。				「知・技」 色やスポーツ，動物，食べ物などの言い方，I like ~.，I don't like ~.，Do you like ~?，Yes, I do. や No, I don't. などの表現を聞くことに慣れ親しんでいる。 色やスポーツ，動物，食べ物などについて，I like ~.，I don't like ~. などを用いて，好みを発表することに慣れ親しんでいる。 「思・判・表」 みんなともっと仲よくなるために，色やスポーツ，動物，食べ物などについて，好みを伝える話を聞いて意味が分かっている。 みんなともっと仲よくなるために，相手に伝わるように工夫しながら，色やスポーツ，動物，食べ物などについて，好みを発表している。 「態度」 みんなともっと仲よくなるために，色やスポーツ，動物，食べ物などについて，好みを伝える話を聞いて意味を分かろうとしている。 みんなともっと仲よくなるために，相手に伝わるように工夫しながら，色やスポーツ，動物，食べ物などについて，好みを発表しようとしている。 <行動観察・振り返りシート点検>
5	**来校した ALT と仲よくなるために，相手に伝わるように工夫しながら，色やスポーツ，動物，食べ物などについて，好みを発表する。また，ALT の話を聞く。**				
	ALT の自己紹介を聞く。				
	グループになり，ALT に自己紹介をして自分の好みを伝える。				※ 4 時間目と同じ

※第 5 時は，第 4 時に評価できなかった児童や，語句や表現の慣れ親しみが十分ではなかった児童の評価を行う。

指導と評価の記録

1 好きなものを伝える表現に慣れ親しむ

目標 日本と外国の虹の色の見え方の違いに気付くとともに，色の言い方や好きなものを伝える表現に慣れ親しむ。

指導者……担任，ALT

挨拶 （1分）

① **指導者が自身の服装や持ち物について話すのを聞き，様々な色の言い方を知る。** （3分）

・担任と ALT が互いの服装や持ち物の色を伝え合う。

担任　It's my new shirt.
ALT　I like the color of your shirt.
担任　Thank you. I like blue. Do you like blue?
ALT　No, I don't. I like black.
担任　Oh, you like black. Black pants, black shoes.
ALT　And I like red.（自分のシャツを指差す）A red shirt.

② **【A-1】自身が描いた虹を紹介する。** （8分）

・事前に児童が「Let's Try! 1」に描いた虹を写真に撮り，電子黒板で見せる。

③ **【W&T-1】外国の子供が自分の描いた虹を紹介する動画を視聴し，I like ～. の表現を知るとともに様々な考え方があることに気付く。** （8分）

・音声に注意しながら聞くように伝え，外国の子供が I like ～. を使って虹を紹介していることに気付くことができるようにする。

④ **本時のめあてを知る。** （1分）

自分の描いた虹を友達に紹介しよう。

⑤ **色の言い方に出合う。** （1分）

・ALT は色カードを指して児童に What color? と尋ねる。児童の反応を聞いてから正しい発音を伝え，全員で復唱する。
・担任は児童に色の言い方が分からないとき，すぐに ALT に尋ねるのではなく，知っている英語を使ってどのように表現できるかを考えるように促す。

⑥ **ペアで自分の虹を紹介し合う。** （16分）

・ペアで I like ～. を使って自分の虹を紹介する。担任と ALT は児童の活動の様子を見取り，適宜サポートする。
・担任は数名の児童が I like ～. を言っていない様子や，既習表現を使って How many colors? と質問を付け足してやり取りしている様子を見取り，活動を中断し，よいやり取りをしていた2組のペアの発表を見せる。
・ペアを替えて再度やり取りをするように促す。

振り返り，挨拶 （7分）

2 好きではないものを伝える表現に慣れ親しむ

目標 好きなものや好きではないものを伝える表現に慣れ親しむ。

指導者……担任，ALT

挨拶 （6分）

① **[Small Talk] 好きな色を伝え合う。** （5分）

・身に付けているものや身の回りにあるものを使って，I like ～. を用いて自分の好きな色を伝え合う。

担任　Daven *sensei*, your shirt is nice.
ALT　Thank you. I like black.（黒いシャツを指差す）
担任　You like black. I see. I like blue.（青い掲示物を指差す）（児童を指名して）I like bule. I like ...?
児童　I like red.

② **【S】"The Rainbow Song"** （3分）

・1回目は聞き取り，2回目は普通のスピードで歌う。音声と意味の結び付きを確認させるため，3回目はゆっくりのスピードで歌う。

③ **指導者が自身の服装や持ち物について話すのを聞いて I don't like ～. の表現を知る。** （8分）

・担任は，黒板にハートと割れたハートを描く。黒板に掲示した絵カードから好きなものを一つ選んで I like ～. と言ってから，そのカードをハートの絵の下に貼る。次に好きではないもののカードを一つ選んで I don't like ～. で言ったあと，割れたハートの絵の下に掲示する。続いて ALT が好きなものと好きではないもの言うときには，児童全員で声を合わせて言う。
・児童を二人指名し，同じ要領で好きなものと好きではないものを言う。

④ **本時のめあてを知る。** （1分）

野菜について好みを伝え合おう。

⑤ **ペアで野菜についての自分の好みを伝え合う。ペアを替えて何度か繰り返す。** （16分）

・ペアで，I like ～., I don't like ～. を使って，好きな野菜，好きではない野菜を伝え合う。
・担任と ALT によるデモンストレーションの際，相手の言ったことを聞いて主語を I から You に置き換えて繰り返し，相手に理解していることを伝えるリアクションを使ってやり取りする。
・途中で活動を中断し，よいやり取りをしていたペアを指名して，黒板の前で実演させる。

振り返り，挨拶 （6分）

③ 好きかどうかを尋ねたり答えたりする表現に慣れ親しむ

目標 **みんなともっと仲よくなったり，保護者に自分の好みを知ってもらったりするために，スポーツや動物など様々なものについて，好きかどうかを尋ねたり，それに答えたりする。**

指導者……担任

挨拶 **（1分）**

① **【C】“I like blue.” を言う。** **（3分）**

動画を視聴しながら，チャンツに合わせて言う。

② **指導者が食べ物や動物，スポーツについて好みを話すのを聞いたり，好きかどうかの質問に答えたりして，Do you like ～? の尋ね方を知る。** **（7分）**

- 黒板に食べ物や動物，スポーツの絵カードを掲示する。担任はそれを指差しながら I like/don't like ～. を用いて，好きなものや好きではないものを伝える。
- I like ～. と言ってから児童に向かって Do you like ～? を用いて，それが好きかどうかを尋ねる。児童が Yes/No. または I like/don't like ～. と答えたら，Yes, I do./No, I don't. と言い換えて聞かせ，同じように言うようにする。
- 指導者は児童を一人指名し，Do you like ～? を用いて，それが好きかどうかを尋ねる。児童が答えたら役割を交代し，今度は児童が絵カードを一枚選んで Do you like ～? を使って担任に尋ねる。担任は Yes, I do./No, I don't. で答える。

③ **答えを予想しながら，全員で一人の児童に食べ物や動物，スポーツについて好きかどうかを尋ねる。** **（10分）**

- 児童を一人指名して黒板の前に呼び，目を閉じるように伝える。担任は，ジェスチャーを使って，その児童に Do you like ～? と尋ねるものを他の児童に相談する。尋ねるものが決まったら，その絵カードを黒板からはがして見えるように示す。座席にいる児童は，指導者の合図に合わせて声をそろえて Do you like ～? で質問する。前にいる児童はそれに答える。
- 今度は児童を二人指名する。一人は目を閉じ，もう一人はその児童に尋ねる絵カードを選ぶ。前述と同じ要領で，全員で質問し，児童はそれに答える。

③答えを予想しながら，全員で好きかどうかを尋ねる。

児童みんなでどんな答えが返ってくるかを相談しながらカードを選ぶことで，反応を楽しみにしながら Do you like ～? を言うことができる。答える児童が Yes, I do. と答えてくれることを期待してカードを選び，Do you like ～? を言う姿も見られた。

④ **本時のめあてを知る。** **（1分）**

もっと仲よくなるために，友達の好みを知ろう。保護者にも知ってもらおう。

⑤ **ペアで動物，スポーツなどについて好きかどうかを尋ね合う。ペアを替えて繰り返す。（18分）**

- インタビューをする役，インタビューをされる役，記録する役の３人でグループになる。インタビューをする役，インタビューをされる役の児童は Do you like ～? を用いて尋ね合い，記録する役の児童は，記録シートにインタビューされる児童の名前を書き，「○」の欄に好きなもの，「×」の欄に好きではないものを書く。役割やグループを替えて繰り返す。
- 活動を始める前に，終了後に学級の友達について分かったこと，初めて知ったことなどを発表することを伝えておく。
- 途中で活動を止め，はっきり聞き取りやすい声でやり取りをしているペアや，相手の答えに合わせて I を You に言い換えてリアクションをしている児童を紹介する。

⑤ペアで好きなものを尋ね合う。

記録する役の児童は，友達が尋ねたり答えたりする様子から，語句や表現に慣れ親しみ，自分は何を尋ねようかと考える。記録する役がいることで，尋ねたり答えたりする児童が互いに向き合ってやり取りしやすくなった。

振り返り，挨拶 **（5分）**

- ⑤で友達について分かったことや，やり取りをして気付いたことなどを発表してから，振り返りシートに自己評価と分かったことなどを書く。
- ３人の児童の振り返りシートを紹介し，終わりの挨拶をする。

4 みんなともっと仲よくなるために，自分の好みを発表する

目標 みんなともっと仲よくなるために，相手に伝わるように工夫しながら，色やスポーツ，動物，食べ物などについて，好みを発表する。

指導者……担任，ALT

挨拶 （2分）

担任 Let's start English class. Stand up, please.（全員が起立する）
Hello, everyone.
学級 Hello, Mayumi *sensei* and Daven *sensei*.
担任 How are you?
学級 I'm（各人ジェスチャーを付けながら答える）, thank you.
How are you?（担任を見る）
担任 I'm hot, too. Thank you.
学級 How are you?（ALT を見る）
ALT I'm great, thank you. So, how's the weather?
学級 It's cloudy.
ALT Great.
担任 （窓の外を見ながら）It's cloudy.（黒板に雲の絵を描く）
ALT What day is it?
学級 It's ....（Tuesday, Thursday など）
ALT Oh, today is Thursday. One, two.（と言って復唱を促す）
学級 Thursday.（担任は黒板に「木」と書く）
ALT Yes. It's Thursday. What's the date?
担任 What's the date?（date を強調して言う）
学級 （口々に）Thurs.... October....
ALT October. Yes, October. It's October 3rd.
学級 It's October 3rd.（担任は黒板に「10/3」と書く）
担任 OK. Sit down, please.

指導のポイント

- 毎時間の導入で，
①時間別の挨拶，
②調子を尋ねる挨拶，
③天気の質問，④曜日の質問，
⑤日にちの質問
の5種類の決まった挨拶を行っている。
- 中学年の児童にとって，サポートなく曜日や日にちを言うのは難しいので，深入りしないで，毎回の授業でALTの発音で正しい表現と音声を聞かせることを重視する。

① 【C】"I like blue." を言う。 （3分）

・ゆっくりと普通のスピードで1回ずつ全員でチャンツを言う。

② お菓子や果物について，好きかどうかを尋ねたり答えたりする。 （5分）

・黒板にお菓子や果物の絵カードを掲示し，担任は I like ～. を使って好きなものを言った後，ALT に Do you like ～? を使って，それが好きかどうかを尋ねる。ALT が Yes, I do./No, I don't. で答えたら，You like/don't like ～. とリアクションをする。次に ALT が同じ要領で担任に質問をし，担任が答える。
・担任は児童を一人指名して，黒板の前に立つように促す。指名された児童は，ALT の Do you like ～? の質問を聞いて答えたり，Do you like ～? で ALT に質問をしたりする。
・その後，担任は二人の児童を指名する。二人の児童は黒板の前で向き合い，ペアで同じように Do you like ～? で好きかどうかを尋ねたり答えたりする。
・隣同士でペアになってやり取りをする。

ALT Do you like strawberries?
児童1 Yes, I do.
ALT Oh, OK. Please ask me.
児童1 Do you like tapioca tea?
ALT Yes, I do. Thank you.
学級 （拍手）

担任　児童2さん，児童3さん。Come here, please.
まねしてやってみてね。Are you ready?
（二人が黒板の前に立って準備ができたことを確かめたら，全員に呼びかける）OK?

学級　Let's watch!

児童2　Do you like pudding?

児童3　Yes, I do.　I like pudding.

児童2　Oh.

児童3　Do you like grapes?

児童2　Yes, I do.　I like grapes.

児童3　Oh, you like grapes.

学級　おーっ。（拍手）

担任　児童3さんがDo you like grapes? と尋ねて，児童2さんがYes, I do.　I like grapes. と答えたら，児童3さんはYou like grapes. と返してあげていたね。Nice.
では，みんなでやってみましょう。Make pairs.　Let's start.

指導のポイント

- 児童が発表をするときに全員でLet's watch. と言って発表する児童に注目する学習規律が身に付いている。
- 児童の発表のよかったところを賞賛し，意欲付けを図っている。

③【L-2】3人の自己紹介を聴き，内容を聞き取る。　（7分）

・3人の子供たちが自己紹介をするのを聴き，聞こえたことを発表する。
・登場した子供たちが，名前，好きなもの，好きではないものを言っていることを確かめる。
・「この3人と同じように，みんなも自分のことを話してみよう」と言葉掛けをして，次の活動につなげる。

担任　これから3人の友達が話をします。
何を言っているのか聞いてください。Please listen.
（Takeruの自己紹介を聴かせる）

担任　何て言っていましたか。児童4さん。

児童4　サッカーが好き。

担任　何と聞こえましたか。聞こえたことを言ってみて。

児童5　I like soccer.

担任　I like soccer.　他に聞こえたことはありますか。児童6さん。

児童6　Baseball.　I don't like baseball.

担任　I don't like baseball. あと何か言ってなかったかな。

学級　（口々に）名前。

担任　名前ね。What's his name?

学級　（口々に）Takeru!

担任　Takeruさんね。Takeruさんは自分の名前をどんなふうに言っていたかな。

学級　（口々に）I'm Takeru.

担任　もう一度聴いて，何て言っていたかをよく聞いて確かめてみよう。

（Takeruの自己紹介を聴いて確かめたあと，他の二人の録音も同じ手順で聴いて，聞き取ったことを発表して共有する）

担任　みんなもTakeruさんたちのように自分のことをお話できるかな。

学級　（口々に）できる！

指導のポイント

- 「どんなことについて話しているか」を指導者が提示せず，児童に聞き取れたことを発表するように伝え，思考を働かせて聞くようにしている。
- 本時の中心となる発表のモデルを，登場人物の発表を通して示し，児童が「自分も同じようにやってみたい」という意欲や「これならできる」という安心感をもって言語活動に取り組むことができるようにしている。

④ 本時のめあてを知る。 **（1 分）**

担任　今日のめあてです。（黒板に書く）いっしょに読んでみよう。

全員　もっとお互いのことを知って仲よくなるために，自分の好みを伝えよう。

担任　どうかな，できそうかな。

学級　（何人も挙手しながら）できる！

⑤ ペアで好きなものや好きではないものを発表し合う。 **（6 分）**

・担任は，黒板の前にステージを設置し，その上で発表することを伝える。
・担任は，児童を一人指名する。指名された児童はステージに立って発表をする。終わったら，担任は観客側の児童によかったところを尋ね，発表のよかったところを全員で共有する。
・担任はもう一人の児童を指名する。児童は共有したばかりの「よかったところ」を意識して発表するため，よいスピーチのモデルを示すことができる。
・隣同士でペアになって発表し合う。担任は，途中で困ったことや確認したいことを尋ねる。英語の言い方に困っている質問には，ALT が答える。ペアを替えて発表し合う。
・ALT は，児童の活動の様子を見回り，児童の質問に答えたり，よい発表をした児童を褒めたり，困っている児童を支援したりする。

担任　では，児童 7 さん。Stand up, please.　Daven *sensei*,　please help me.

ALT　Sure.（担任と ALT でステージを運び，黒板の前に置く）

学級　（口々に）えーっ。この上でやるの？　やりたい！

担任　This is the special stage.
ここに乗って発表してもらいます。
（児童 7 がステージに乗ったら）Please start.

学級　Let's watch.

児童 7　My name is（名前).　I like basketball.　I don't like baseball.
Thank you.

学級　（拍手）

担任　児童 7 さんのどこがよかったかな。

児童 8　好きなことだけでなく，好きではないことも言っていた。

児童 9　初めに名前を言っていた。

児童10　クリアーボイス。

担任　そうだったね。デイブン先生（と言って発音を促す)。

ALT　Yes.　Very clear.　Clear voice.

児童11　スマイル！

ALT　Smile.　Yes.　Smile.

担任　Thank you.　もう一人，前に出てやってもらおうかな。

担任　何か困ったことや確認したいことはありましたか。

児童11　ここ（教材）に載っているもの以外を言ってもいいですか。

担任　そうだね。今日のめあてをみんなで読んでみよう。

学級　もっとお互いのことを知って仲よくなるために，
自分の好みを伝えよう。

担任　そうだったね。本当の好みを話そうよ。
そうすると，ここに載っていないものがあるかもしれないね。
他にありますか。
では，One more time.　Let's start.

指導のポイント

●児童の実態を踏まえ，進んで楽しく発表しやすくするためにステージを設置している。

●担任と ALT が英語でやり取りする様子を見せて，担任が英語でコミュニケーションを図る手本を示すとともに，児童に英語に接する機会を少しでも多く確保する。

●児童が「クリアーボイス」「スマイル」と日本語の発音で言ったとき，すぐに ALT に正しい発音を聞かせている。

●発表でやってほしいことを指示するのではなく，児童自身で見つけられるように働きかけている。

●提示した言語材料の中に，そのとき児童が伝えたい好きなもの，好きではないものが含まれていないことがあるだろう。そのような場合，知っている語句で工夫して言うように促す，ALT に教えてもらうなど様々な方法がある。言語活動においては「本物」のコミュニケーションを図るようにすることが大切である。

⑥【A-2】スピーチで自分の好みを伝える。友達のスピーチを聞く。 ★評価場面 （16 分）

・担任は，「やってみたい人」と児童に尋ね，挙手をした児童を一人ずつ指名する。指名された児童は，黒板の前のステージでスピーチする。練習を含めて全員がステージで発表することができるようにする。
・担任は児童の発表の声が小さかったり早口だったりした場合，One more time. と再度スピーチをするように促した。また，ALT は，児童の英語が明瞭ではなかったり，正しい言い方ではなかったりしたとき，正しい発音を聞かせた。また，児童の発表のよいところを Great. や Nice. と言って賞賛した。

評価の記録

児童	児童 12	領域	話すこと［発表］
評価方法	✓行動観察 □振り返りシート分析		
記録	My name is（名前）. I like soccer. I don't like tapioca tea.		
評価	✓知・技：色やスポーツ，動物，食べ物などの言い方，I like ～.，I don't like ～.，Do you like ～?，Yes, I do. や No, I don't. などの表現を聞くことに慣れ親しんでいる。		
	✓思・判・表：みんなともっと仲よくなるために，色やスポーツ，動物，食べ物などについて，好みを伝える話を聞いて意味が分かっている。		
	✓態度：みんなともっと仲よくなるために，色やスポーツ，動物，食べ物などについて，好みを伝える話を聞いて意味を分かろうとしている。		
	メモ，改善の手立て		
	学級を見渡しながら，聞き取りやすい声の大きさで話していた。		

児童	児童 13	領域	話すこと［発表］
評価方法	✓行動観察 □振り返りシート分析		
記録	児童 13　Hello. My name is（名前）. 学級　（どよめき）おーっ。 児童 13　I like song. 学級　You like song. 児童 13　I don't like“鬼ごっこ”. 学級　You don't like“鬼ごっこ” 児童 13　See you. 学級　See you.	**指導のポイント** ● I like song. は I like singing. または I like music. と思われる。ここでは，友達に分かるように工夫して好みを伝えることを優先し，その場での修正は行わない。	
評価	✓知・技：色やスポーツ，動物，食べ物などの言い方，I like ～.，I don't like ～.，Do you like ～?，Yes, I do. や No, I don't. などの表現を聞くことに慣れ親しんでいる。		
	✓思・判・表：みんなともっと仲よくなるために，色やスポーツ，動物，食べ物などについて，好みを伝える話を聞いて意味が分かっている。		
	✓態度：みんなともっと仲よくなるために，色やスポーツ，動物，食べ物などについて，好みを伝える話を聞いて意味を分かろうとしている。		
	メモ，改善の手立て		
	挨拶を付け足し，学級を見渡しながら聞き取りやすい声の大きさとスピードで，はきはきと発表していた。		

振り返り，挨拶 **（5分）**

- 児童は気付いたこと，できるようになったことなどを振り返りカードに記入する。
- 5人の児童が発表してから，終わりのあいさつをする。

担任　今日の勉強で分かったこと，友達の発表を聞いて分かったこと，できるようになったことにどんなことがあるかな。話すとき，聞くときはどうだったかな。発表してもらいます。児童14さん。

児童14　◯さんが，初めにHello.，最後にSee you.を言っていました。私も◯さんのように言えるようになりたいです。

児童15　友達のことをたくさん知りました。もっと仲よくなれると思いました。

児童16　You like ～.とYou don't like ～.を使って，話を共有できたのがよかったです。

児童17　自分の好きなこと，嫌いなことを伝えられて楽しかったです。

児童18　「なす」を英語でeggplantということを知ることができてよかったです。

担任　新しい言葉を知ったり，友達ともっと仲よくなれると思ったりしましたね。
That's all for today.　Good bye, everyone.

学級　Good bye, Mayumi *sensei* and Daven *sensei*.

ALT　Good bye.　Have a nice day!

評価の記録

<table>
<tr><th>児童</th><td>児童19，20</td><th>領域</th><td>聞くこと</td></tr>
<tr><th>評価方法</th><td colspan="3">✓行動観察　✓振り返りシート分析</td></tr>
<tr><th>記録</th><td colspan="3">児童19
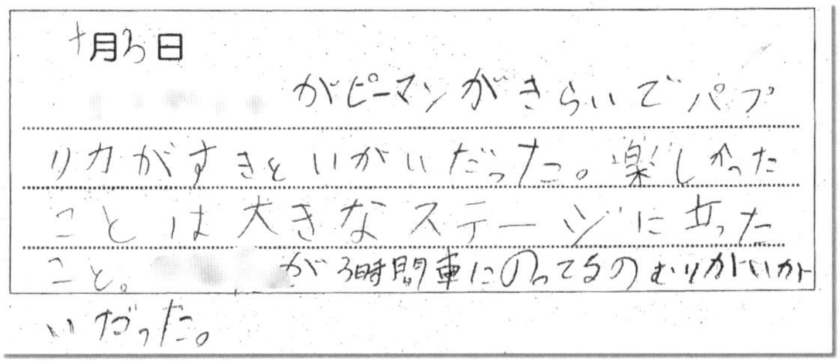
十月3日
がピーマンがきらいでパプリカがすきといがいだった。楽しかったことは大きなステージに立ったこと。が3時間車にのってるのもいがいだった。

児童20
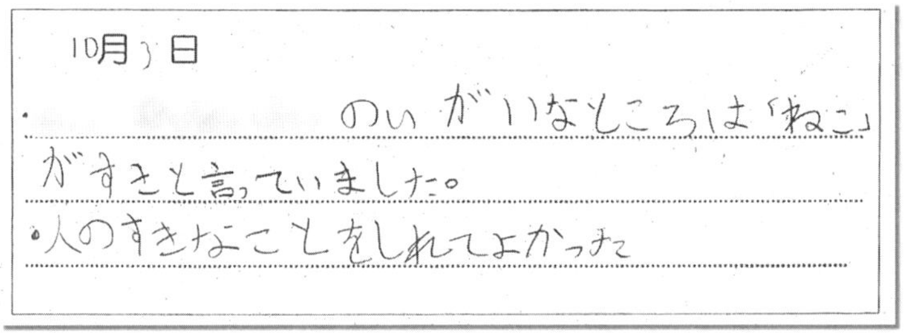
10月3日
・のいがいなところは「ねこ」がすきと言っていました。
・人のすきなことをしれてよかった</td></tr>
<tr><th rowspan="5">評価</th><td colspan="3">✓知・技：色やスポーツ，動物，食べ物などの言い方，I like ～.，I don't like ～.などを用いて，好みを発表することに慣れ親しんでいる。</td></tr>
<tr><td colspan="3">✓思・判・表：みんなともっと仲よくなるために，色やスポーツ，動物，食べ物などについて，好みを伝える話を聞いて意味が分かっている。</td></tr>
<tr><td colspan="3">✓態度：みんなともっと仲よくなるために，色やスポーツ，動物，食べ物などについて，好みを伝える話を聞いて意味を分かろうとしている。</td></tr>
<tr><td colspan="3">メモ，改善の手立て</td></tr>
<tr><td colspan="3">身近なものの語句や，好みを伝える表現を十分に聞き取っていた。</td></tr>
</table>

5 来校したALTと仲よくなるために，自分の好みについて話す

目標 来校したALTに自分のことを知ってもらうために，相手に伝わるように工夫しながら，色やスポーツ，動物，食べ物などについて，好みを伝える。また，ALTの話を聞く。

指導者……担任，ALT

挨拶 （1分）

・児童，担任，ALTで，毎時の導入で行っている時間別の挨拶，調子を尋ねる挨拶，天気の質問，曜日の質問，日にちの質問の5種類のやり取りを行う。

① ALTの自己紹介を聞く。 （4分）

・8人のALTに自己紹介をしてもらう。この後の活動のために，名前と出身国のみとする。

② 本時のめあてと学習の進め方を知る。 （3分）

・担任は，児童に本時のめあて「外国の先生に自己紹介しよう」を伝える。
・4，5人のグループになり，ALTに一人ずつ順番に自己紹介で自分の好みを伝えるように言う。グループ全員の自己紹介が終わったら，ALTが提示するアルファベットの文字カードを覚えるように伝える。
・音楽が流れたらALTに挨拶をして別のALTのもとに移動することを伝え，グループ全員の自己紹介が終わっても，音楽が聞こえるまではALTとやり取りを続けるように促す。
・「ALTと仲よくなれるように，自分のことを知ってもらえるように話そう」と言葉掛けをし，Eye contact，Clear voice，Smileが大切であることを確認する。

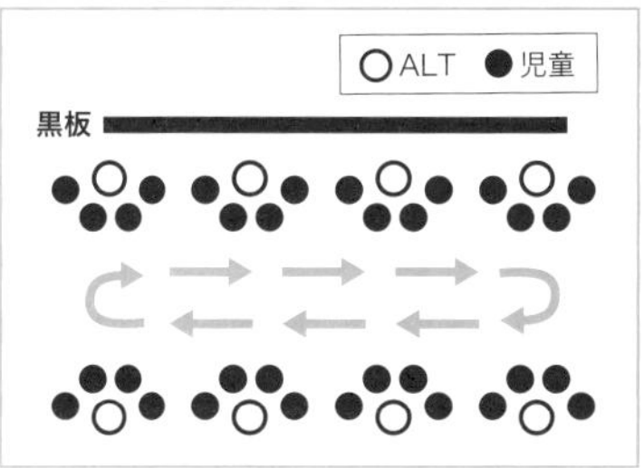

③ グループになり，ALTに自己紹介をして，自分の好みを伝える。（前半） ★評価場面 （15分）

・担任は児童の活動の様子を観察し，必要に応じてサポートをする。
・ALTは，児童の発表を聞いて，言葉を繰り返す，内容をジェスチャーで表す，自分のことを伝える，問い返しをするなど，様々なリアクションで児童の言葉を聞いて理解していることを示す。
・初めは多くの児童が緊張している様子だったが，ALTが受容的な態度で接したり発話を引き出したりすることによって，徐々に抵抗なく話すことができるようになった。
・児童はこれまでの外国語活動の学習や経験によって互いの好みや，それを伝える語句や表現を知っているため，友達が言葉に詰まったときに助ける姿が見られた。また，クラスルーム・イングリッシュで慣れ親しんでいるYou can do it.を用いて励ましている児童もいた。

④ 中間指導で，他の児童のよい自己紹介の仕方を知る。 （3分）

・4人のALTとの交流が終わったら，一旦活動を止める。児童は友達の発表のよかったところを発表する。

担任　がんばっていた友達や，友達のよかったところを紹介してください。
児童21　全員（の発表）が終わったあと，○さんがDo you like baseball?と質問していました。
担任　○さんは自分の発表のときにI like baseball.と言っていたね。それでALTの先生にDo you like baseball?って尋ねたのですね。自分の好きなものについて，ALTの先生も好きかどうかを尋ねるのもいいね。

⑤グループになり，他の４人の ALT に自己紹介をして，自分の好みを伝える。（後半） ★評価場面　**（12 分）**

評価の記録

<table>
<tr><td>児童</td><td>児童 22</td><td>領域</td><td>話すこと［発表］</td></tr>
<tr><td>評価方法</td><td colspan="3">✓行動観察　□振り返りシート分析</td></tr>
<tr><td>記録</td><td colspan="2">［第４時【A-2】］
I like strawberries.
I like ice cream.
Don't like basketball.
Don't like green peppers.
（主語 “I” の欠落）</td><td>［本時］
Hello. My name is（名前）.
I like strawberries.
I like ice cream.
I don't like basketball.
I don't like green peppers.
（“I” を自分の胸に手を当てながら言う）</td></tr>
<tr><td rowspan="5">評価</td><td colspan="3">✓知・技：色やスポーツ，動物，食べ物などの言い方，I like ～.，I don't like ～. などを用いて，好みを発表することに慣れ親しんでいる。</td></tr>
<tr><td colspan="3">✓思・判・表：みんなともっと仲よくなるために，色やスポーツ，動物，食べ物などについて，好みを伝える話を聞いて意味が分かっている。</td></tr>
<tr><td colspan="3">✓態度：みんなともっと仲よくなるために，色やスポーツ，動物，食べ物などについて，好みを伝える話を聞いて意味を分かろうとしている。</td></tr>
<tr><td colspan="3">**メモ，改善の手立て**</td></tr>
<tr><td colspan="3">ALT や友達のパフォーマンスを聞くことによって，学習が改善された。</td></tr>
</table>

振り返り，挨拶　**（7 分）**

・児童はカードに書かれていた８文字を発表する。担任は，それらを並び替えると「TOMIZAWA」になることを伝える。
・児童は気付いたこと，できるようになったことなどを振り返りカードに記入する。
・３人の児童が振り返りを発表する。
・ゲストの ALT は，一言ずつ感想を言い，児童がんばったことを賞賛する。high five（ハイタッチ）をする。

評価の記録

<table>
<tr><td>児童</td><td>児童 23</td><td>領域</td><td>聞くこと，話すこと［発表］</td></tr>
<tr><td>評価方法</td><td colspan="3">✓行動観察　✓振り返りシート分析</td></tr>
<tr><td>記録</td><td colspan="3">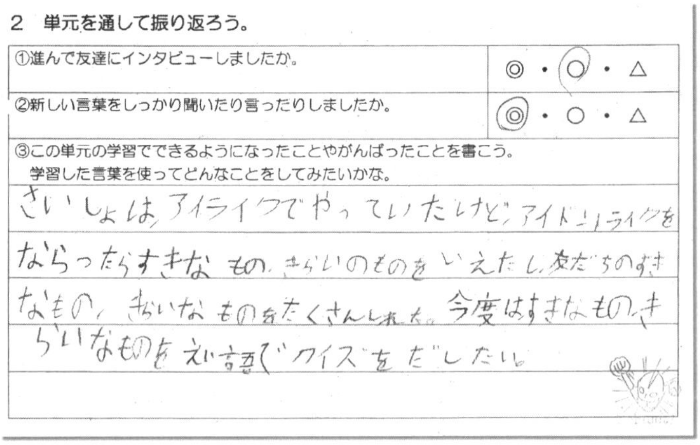
2　単元を通して振り返ろう。
①進んで友達にインタビューしましたか。　◎・○・△
②新しい言葉をしっかり聞いたり言ったりしましたか。　◎・○・△
③この単元の学習でできるようになったことやがんばったことを書こう。
学習した言葉を使ってどんなことをしてみたいかな。
さいしょは，アイライクでやっていたけど，アイドントライクをならったらすきなもの，きらいのものをいえたし，友だちのすきなもの，きらいなものをたくさんしれた。今度はすきなもの，きらいなものをえい語でクイズをだしたい。</td></tr>
<tr><td rowspan="5">評価</td><td colspan="3">✓知・技：（略）</td></tr>
<tr><td colspan="3">✓思・判・表：（略）</td></tr>
<tr><td colspan="3">✓態度：（略）</td></tr>
<tr><td colspan="3">**メモ，改善の手立て**</td></tr>
<tr><td colspan="3">言語材料を使って発表したり，それらを聞き取ることに慣れ親しんだりしていることを振り返り，学習意欲を高めている。</td></tr>
</table>

<table>
<tr><td>児童</td><td>児童 24</td><td>領域</td><td>聞くこと，話すこと［発表］</td></tr>
<tr><td>評価方法</td><td colspan="3">✓行動観察　✓振り返りシート分析</td></tr>
<tr><td>記録</td><td colspan="3">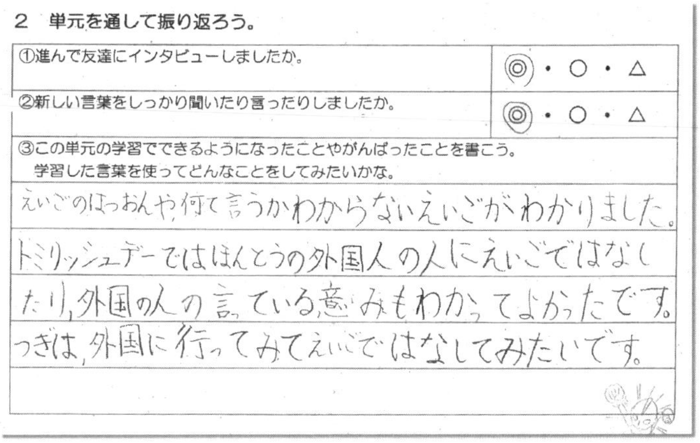
2　単元を通して振り返ろう。
①進んで友達にインタビューしましたか。　◎・○・△
②新しい言葉をしっかり聞いたり言ったりしましたか。　◎・○・△
③この単元の学習でできるようになったことやがんばったことを書こう。
学習した言葉を使ってどんなことをしてみたいかな。
えいごのはっおんや，何て言うかわからないえいごがわかりました。
トミリッシュデーではほんとうの外国人の人にえいごではなし
たり，外国の人の言っている意みもわかってよかったです。
つぎは，外国に行ってみてえいごではなしてみたいです。</td></tr>
<tr><td rowspan="5">評価</td><td colspan="3">✓知・技：(略)</td></tr>
<tr><td colspan="3">✓思・判・表：(略)</td></tr>
<tr><td colspan="3">✓態度：(略)</td></tr>
<tr><td colspan="3">メモ，改善の手立て</td></tr>
<tr><td colspan="3">言語材料への慣れ親しみを深めたとともに，初めて聞く語句について，ALT のサポートを得て，意味を推測して理解できたことで，学習意欲を高めている。</td></tr>
</table>

監修者による講評

旧学習指導要領の下，高学年を対象とした外国語活動において評価が行われてきたことから，新学習指導要領における中学年対象の外国語活動の評価については，そう混乱がないと思われるものの，評価の観点が変わったことから，留意したいことがいくらかあります。その具体を加藤教諭の実践から見ていきましょう。

本実践は，単元後半の第 4，5 時に評価場面を設定しています。第 4 時と第 5 時では，話す対象が，学級の友達と ALT という違いはありますが，どちらも相手に自分のことをよく知ってもらうことを目的としています。ALT に自分のことを伝えることは，児童にすればわくわくもするけれど，緊張もするものです。ほぼ毎日同じ時と場を共有している友達なら，それほど緊張することなく自分のことが話せそうです。そこで，第 4 時でまず「聞くこと」「話すこと［発表］」の 2 領域を 3 観点で見取ります。その場面で，「おおむね満足できる」状況（b）に届かなかった児童に，個別に指導，支援をし，第 5 時の言語活動での評価場面で，どの児童も「おおむね満足できる」状況（b）以上となるようにすることが大切です。2 時間続けて児童の発表の様子を観察するため，児童全員を見取ることができるはずです。第 5 時では，第 4 時で「おおむね満足できる」状況（b）に至らなかった児童を中心に見取るとよいでしょう。

また，外国語活動は，1 単元の時数が 4 時間程度であるため，こまめに第 1 時から言語活動に取り組む児童の様子を観察し，気付いたことを細目にメモを取っておきたいものです。そうすることで，この場合，第 4 時にどの児童を中心に見取ればよいかが事前に分かってきます。

このように，学習評価は，その評価場面だけではなく，それ以外の場面の指導とも関係しています。学習評価というと構えてしまいがちですが，まずは指導の充実を心掛けたいものです。目標に向けて指導を十分に行うことが，適切な学習評価につながります。

実践2

外国語科

5年 ①「We Can! 1」
Unit 5：She can run fast.　He can jump high.

聞くこと 「知識・技能」

話すこと〔発表〕 「知識・技能」「思考・判断・表現」「主体的に学習に取り組む態度」

② 1学期末パフォーマンス評価
「ALT とのおしゃべりタイム」

話すこと〔やり取り〕 「知識・技能」「思考・判断・表現」「主体的に学習に取り組む態度」

指導を改善につなげ，児童の成長を支援する評価に！

徳島県鳴門市板東小学校
坂田 美佳 教諭

質問 本実践での評価について教えてください。

評価は指導改善につなげ，児童の成長を支援するものでなければ，と思います。決して「評価のための活動」にならないよう，評価場面を精選することが大切です。本単元では，第7時，第8時の2時間を使って，学級全員の「話すこと［発表］」の3つの観点の評価を行動観察で行いました。

第7時は，私が教室を回って児童の発表を一人ずつ聞いて，主に「知識・技能」「思考・判断・表現」の観点で評価を行いました。ALTは，その間，児童がワークシートを完成させ，発表の練習をするサポートを行いました。通常は私とALT の二人で児童の支援や指導を行いながら発表に向けた準備の時間を取りますが，それでは全員を見取ることは難しいことから，今回は授業中に全員の評価をするためにはどのような形式が可能かを検証するため，役割を分担して行いました。

第8時は，グループや全体で発表する様子から，主に「思考・判断・表現」「主体的に学習に取り組む態度」の観点を評価しました。第7時に十分に見取れていない児童や，「思考・判断・表現」の観点で「努力を要する」状況だと判断した児童を中心に行動観察を行いました。

質問 単元最後の言語活動の設定の理由は。

本単元では，第三者を表すhe/sheの表現に初めて出合いますが，それらは第4 ～6 時で扱うこととし，単元のゴールで自分のできることを発表する様子を評価しました。自分のできることを伝え合うことは，友達の新たな一面を知り，お互いを認め合うことができる大切な機会になります。担任として，本単元では児童一人一人に自分のことを発表してほしいという願いがあったため，このような単元計画にしました。第三者について発表する様子は，Unit 9「Who is your hero?」の単元で評価する計画です。

質問 学期末のパフォーマンス評価はいかがでしたか。

児童にプレッシャーを与えないよう，「パフォーマンステスト」とは伝えず，ALT と会話をして仲よくなるための「ジョエル先生とのおしゃべりタイム」という設定で実施しました。児童にとってALT は授業で慣れ親しんでいる相手ではありますが，普段は一対一で会話をする機会が少ないため，実施前は緊張している様子も見られました。でも，終わったあとは多くの児童から「ジョエル先生のことがいろいろ分かって楽しかった」「自分のことが伝わってうれしかった」という感想が聞かれました。「外国に行って英語を使ってみたい」「言いたいことが言えなかったから，もっと英語を勉強したい」という感想もありました。自分で課題を見つけて英語をもっと話せるようになりたいという気持ちがもてたようです。また，指導者としては，満足できる状況だと思っていた児童に課題が見つかったり，その逆もあったりして，個に応じた指導の手掛かりを得られました。パフォーマンス評価は，時間の確保に工夫が必要ですが，児童の学習改善と教師の指導改善には有効だと感じました。

また，評価の総括は，担任がその場で行う評価と，録画をもとに同じ学年の他の教員が行う評価を総合して実施しました。評価者間で評価にぶれが生じないよう，テストの実施条件や評価基準を共有することが欠かせないため，校内での学習評価に関する研修や共通理解が不可欠だと実感しています。

単元計画

1 単元目標

相手に自分や第三者のことをよく知ってもらうために，できることやできないことなどについて，聞いたり，自分の考えや気持ちを含めて話したりすることができる。

2 評価規準

	知識・技能	思考・判断・表現	主体的に学習に取り組む態度
聞くこと	「知識」 I/He/She can ～.，Can you ～? など，自分や相手，第三者ができることやできないことを表す表現やその尋ね方，答え方について理解している。 「技能」 相手，第三者ができることやできないことについて，具体的な情報を聞き取る技能を身に付けている。	本単元の評価規準は「相手や第三者のことをよく知るために，できること，できないことなど具体的な情報を聞き取っている。」となるが，次の単元と合わせて記録に残す評価を行う。	本単元の評価規準は「相手や第三者のことをよく知るために，できること，できないことなど具体的な情報を聞き取ろうとしている。」となるが，次の単元と合わせて記録に残す評価を行う。
話すこと【発表】	「知識」 I/He/She can ～.，Can you ～? など，自分や相手，第三者ができることやできないことを表す表現やその尋ね方，答え方について理解している。 「技能」 I/He/She can ～.，Can you ～? など，自分や相手，第三者ができることやできないことを表す表現などを用いて，自分の考えや気持ちなどを含めて話す技能を身に付けている。	相手に自分や第三者のことをよく知ってもらうために，自分や第三者のできることやできないことなどについて，自分の考えや気持ちなどを含めて話している。	相手に自分や第三者のことをよく知ってもらうために，自分や第三者のできることやできないことなどについて，自分の考えや気持ちなどを含めて話そうとしている。

3 言語材料

表現	I/You/He/She can/can't ～.，Can you ～?，Yes, I can.，No, I can't.
語句	動作を表す語句（cook, do *judo*, do *kendo*, jump high, play badminton, play baseball, play basketball, play *kendama*, play soccer, play table tennis, play the piano, play the recorder, play volleyball, run fast, sing well, swim）
語句	三人称単数代名詞（he, she），敬称（Mr., Ms.）

4 準備物

●「We Can! 1」　●「We Can! 1」デジタル教材　●上記「表現」「語句」の黒板掲示用絵カード
●第2時【Let's Watch and Think 1】の記録シート
●第3時【Let's Listen 2】の記録シート
●第5時　インタビューをする先生の名前シート（4線上に書くための手本）
●第7，8時【Activity 5】の自己紹介用カード
●振り返りシート

5　指導と評価の計画

単元目標　相手に自分や第三者のことをよく知ってもらうために，できることやできないことなどについて，聞いたり，自分の考えや気持ちを含めて話したりすることができる。

時	指　導	評　価			
	目　標				
	児童の主な活動	知・技	思・判・表	態度	評価規準＜評価方法＞
1	**動作を表す語句や「できる」「できない」という表現が分かる。**				
	[Small Talk] 好きな教科				
	指導者のジェスチャーから，どんな動作かを予想し，動作を表す言い方を知る。				本時では記録に残す評価は行わないが，目標に向けて指導を行う。
	【キーフレーズ・ゲーム】動作を表す語句を言ったり聞いたりする。				
	指導者の会話から「できる」「できない」の表現を知る。				
	【P-1】ヒントを聞いて，どの動物を紹介しているかを当てる。				
	歌 “We can be together”（「歌っておぼえるらくらくイングリッシュ 1」成美堂）				
2	**動作を表す語句や「できる」「できない」の表現を用いて，できることやできないことについて聞いたり話したりすることができる。**				
	[Small Talk] 夏休みの思い出				
	歌 “We can be together”				本時では記録に残す評価は行わないが，目標に向けて指導を行う。
	【C】“I can run.　I can swim.”				
	【ビンゴゲーム】動作を表す語句を聞いて，それを自分が「できる」「できない」を言いながらカードを裏返す。				
	【W&T-1】映像を視聴し，どの人物かを考えて番号を書く。				
	ペアで，できることやできないことを話す。				
3	**あることができるかどうかを尋ねたり答えたりすることができる。**				
	[Small Talk] 好きな食べ物				
	【C】“I can run.　I can swim.”				本時では記録に残す評価は行わないが，目標に向けて指導を行う。
	【L-2】音声を聞いて，どの動物かを考えて書く。				
	指導者の会話から，できるかどうかを尋ねたり答えたりする表現を知る。				
	ALT とやり取りしながら，尋ねたり答えたりする表現に言い慣れる。				
	【カード・デスティニーゲーム】				
	【A-1】ペアで相手ができることやできないことを予想し，尋ねる。				
4	**できることやできないことを聞き取るとともに，あることができるかどうかについて尋ねたり答えたりすることができる。**				
	歌 “We can be together”				
	【C】“Can you sing well?”				
	【W&T-2】（前半）話を聞いて，登場人物ができること，できないことを聞き取る。				相手ができることやできないことについて，具体的な情報を聞き取っている。＜行動観察・記述分析＞
	ALT と参観の先生ができること，できないことを予想して尋ねる。				
	【A-2】友達にできることをインタビューする。				
	著名人や身近な人物についての会話を聞いて，Mr./Ms.，he/she の表現を知る。				
5	**第三者ができることやできないことについて話すことができる。また，アルファベットの活字体を書くことができる。**				
	[Small Talk] 週末の予定				
	歌 “We can be together”				本時では記録に残す評価は行わないが，目標に向けて指導を行う。
	【C】“He can run fast.　She can sing well.”				
	【W&T-2】（後半）話を聞いて，登場人物のできることやできないことを聞き取る。				

…聞くこと　…話すこと〔やり取り〕　…話すこと〔発表〕　…書くこと　…読むこと

	前時のインタビューをもとに，グループで He/She can ～. を使って友達を紹介し合う。				本時では記録に残す評価は行わないが，目標に向けて指導を行う。
	校内の先生にインタビューをして知ったことをもとにクイズ問題を作るという課題を知り，インタビューをする先生の名前を書き写す。				
6	**第三者ができることやできないことを伝える話を聞き取るとともに，先生ができることやできないことについて話すことができる。**				
	[Small Talk] ペット				
	歌“We can be together”				
	【C】“He can run fast. She can sing well.”				
	【“Who is he/she?” クイズ】著名人や身近な人物ができること，できないことを聞いて分かったことを記入する。				第三者ができることやできないことについて，具体的な情報を聞き取っている。<行動観察・記述分析>
	【A-4】インタビューをもとにワークシートを書き，グループで先生について紹介したいことをまとめる。				
	先生のできることやできないことをクイズ形式で紹介する。				校内の先生について，He/She can ～., He/She can't ～. などの表現を用いて，できることやできないことを話す技能を身に付けている。<行動観察>
7	**自分のことをよく知ってもらうために，自分ができることやできないことなどについて，自分の考えや気持ちを含めて話すことができる。また，アルファベット文字の活字体を書くことができる。**				
	歌“We can be together”				
	【C】“I can run. I can swim.”				
	自分のできることやできないことを書いて，自分を紹介するワークシートを作る。				
	ペアで自分のできることやできないことについて話す。				「知・技」I can/can't ～. など自分ができること，できないことを表す表現を用いて，考えや気持ちなどを含めて話している。 「思・判・表」自分のことをよく知ってもらうために，自分ができることやできないことなどについて，自分の考えや気持ちを含めて話している。<行動観察>
8	**自分のことをよく知ってもらうために，できることやできないことなどについて，自分の考えや気持ちを含めて話すことができる。**				
	歌“We can be together”				
	ALT の紹介を聞き，発表の練習をする。				
	【A-5】自分のことを知ってもらうために，できることやできないことなどをグループや全体で話す。また，尋ねたり答えたりする。				「思・判・表」自分のことをよく知ってもらうために，自分ができることやできないことなどについて，自分の考えや気持ちを含めて話している。 「態」自分のことをよく知ってもらうために，自分ができることやできないことなどについて，自分の考えや気持ちを含めて話そうとしている。<行動観察>
学期末	パフォーマンス評価 ALT とのおしゃべりタイム 「ジョエル先生と仲よくなろう」				「知・技」Unit1 ～ 5 で学習した語句や表現を用いた尋ね方，答え方について理解し，それらを用いて，自分の考えや気持ちなどを含めて話したり尋ねたり答えたりしている。 「思・判・表」「態」相手のことをよく知ったり，相手に自分のことをよく知ってもらったりするために，日常生活に関する身近で簡単なことについて，自分の考えや気持ちを含めて尋ねたり答えたりしている（「思・判・表」）／しようとしている（「態」）。

指導と評価の記録

① 語句や表現が分かる

目標 動作を表す語句や「できる」「できない」という表現が分かる。 指導者……担任

挨拶 （1 分）

① [Small Talk] 好きな教科を尋ねたり答えたりする。 （5 分）

・担任と児童とでデモンストレーションを行った後，児童同士のペアで 2，3 往復程度のやり取りを行う。

② 指導者のジェスチャーから，どんな動作かを予想し，動作を表す言い方を知る。 （10 分）

・児童は担任が何のジェスチャーをしているのかを考える。児童の答えを聞いて，担任がその英語の言い方を伝え，全員で復唱する。語句を導入した後に気付いたことを発表する。文法説明として行わないが，児童の発言を生かして，動詞だけで成り立つもの（自動詞）や，後ろにスポーツや楽器などの語を伴う動詞（他動詞）があること，楽器の前には the が付くことに気付かせるようにする。

③【キーフレーズ・ゲーム】動作を表す語句を聞いたり言ったりする。 （5 分）

・担任は黒板に絵カードを掲示し，キーフレーズを指差しながら言う。途中で数名の児童が出題役になる。

④ 指導者の会話から「できる」「できない」の表現を知る。 （4 分）

・担任がけん玉やあやとりの実演を交えながら，I can/can't ～. を用いて自分のできることやできないことを言う。

⑤ 本時のめあてを知る。 （1 分）

・動作の言い方や「できる」「できない」の言い方を知ろう。
・黒板に I can，can't のカードを掲示する。

⑥【P-1】ヒントを聞いて，どの動物を紹介しているのかを当てる。 （8 分）

・「We Can! 1」の 34，35 ページの紙面に登場する動物などについて What can you see? で尋ねる。その後，can/can't を使って 3 ヒントクイズを出題する。途中で数名の児童が出題役になる。

⑦ 歌 "We can be together" （5 分）

・1 回目では聞き取り，聞こえた英語を発表する。もう一度聞き取りをした後，全員で歌う。

振り返り，挨拶 （6 分）

② 語句や表現を使って聞いたり話したりできる

目標 動作を表す語句や「できる」「できない」の表現を用いて，できることやできないことについて聞いたり話したりすることができる。 指導者……担任，ALT

挨拶 （1 分）

① [Small Talk] ALT の夏休みの思い出について，話を聞いたり尋ねたり答えたりする。 （5 分）

・担任と ALT が夏休みの思い出について会話をする。ALT は電子黒板に写真を映し出し，夏休み中のアメリカ旅行について話す。担任や児童が時々質問をする。

② 本時のめあてを知る。 （3 分）

・できること，できないことを聞いたり話したりしよう。

③ ALT のできること，できないことを聞く。 （1 分）

④ 歌 “We can be together” （3 分）

⑤【C】“I can run. I can swim.” （3 分）

・1 回聞いて聞こえたことを発表する。2 回目に再び聞こえたことを確認し，3 回目に音声に合わせて言う。

⑥【ビンゴゲーム】動作を表す語句を聞いて，それを自分が「できる」「できない」を言いながらカードを裏返す。 （6 分）

・各ペアに動作を表す語句の絵カードを 11 枚配る。縦横 3 枚ずつ配置する。ALT が動作を表す語句を聞き，児童は，その動作を自分ができるかできないかを言いながらカードを裏返す。

⑦【W&T-1】映像を視聴し，どの人物のことかを考えて番号を書く。 （8 分）

・聞こえたことをワークシートにメモとして書き留め，どの程度聞き取れるようになっているかを確かめる。

⑧ ペアで，できることやできないことを話す。 （10 分）

・ペアでできること，できないことを話す活動に取り組む。担任は途中で活動を一旦止め，うまく言えないこと，分からないことを尋ねる。うまく言えないことは全員で練習する。言い方が分からない表現は，既習表現を想起させ，どう表現したらいいかをみんなで考える。
・最後に二人の児童が発表した後，担任は run fast，sing well，jump high などの表現を知らせる。
・他人と比較するのではなく，少しでもできることは「できる」と言えることを伝える。

振り返り，挨拶 （5 分）

③ 語句や表現を使って尋ねたり答えたりできる

目標 あることができるかどうかを尋ねたり答えたりすることができる。

指導者……担任，ALT

挨拶 （1分）

① **[Small Talk] 好きな食べ物について，話を聞いたり尋ねたり答えたりする。** （5分）

② **【C】“I can run. I can swim.”** （2分）

③ **【L-2】音声を聞いて，どの動物かを考えて書く。** （10分）

・聞こえたことをワークシートにメモとして書き留め，どの程度聞き取れるようになっているかを確かめる。

④ **指導者の会話から，できるかどうかを尋ねたり答えたりする表現を知る。** （5分）

・担任と ALT はジェスチャーを付けながら Can you ～?, Yes, I can./No, I can't. を用いて，できることを尋ねたり答えたりする。

⑤ **本時のめあてを知る。** （1分）

・できるかどうかを尋ねたり答えたりしよう。

⑥ **ALT とやり取りしながら，尋ねたり答えたりする表現に言い慣れる。** （2分）

・ALT は黒板の絵カードに記されていることについて，できるかどうかを児童に個別に尋ねる。初めのうちは児童が Yes/No. で答えていたので，ALT は Yes, I can./No, I can't. と言い直すとともに，担任に同じ質問をし，担任が Yes, I can./No, I can't. で答えることを繰り返して，児童が尋ね方と答え方を理解できるようにした。

・続いて，ALT は絵カードに記されたことについて，できるかどうかを全体に尋ねた。先にそれができる児童は Yes, I can. と言いながら立つ。次に，それができない児童が No, I can't. と言いながら立つ。

⑦ **【カード・デスティニーゲーム】** （5分）

⑧ **【A-1】ペアで相手ができることやできないことを予想し，尋ねる。** （10分）

・担任と ALT がモデルを示して活動の進め方を伝える。

・前後の席でペアを組み，教材に示された 15 の表現から尋ねたいことを３つ選び，最初に答えを予想する。その後，実際に尋ねたり答えたりする。

振り返り，挨拶 （4分）

メモ

第２時⑦，第３時③の児童の記録

動画を視聴して聞こえたことを書き留める活動の記録によって，児童が語句や表現をどのくらい聞き取ることができるのかを把握することができる。１回視聴した後に聞こえたことを発表してから再び視聴し，発表を手掛かりとして聞くことができるようにした。書き留める際には，事前に発音を片仮名で書いても，意味を書いてもよいと指示した。この記述をもとに，語句や表現を理解できるようにするために繰り返し扱う言語材料を検討し，指導の改善を図った。なお，これらの記録は評価には活用していない。

●第２時⑦

（2）　（1）　（3）

聞こえたことを書いてみよう。

	No.1	No.2	No.3
1回目	スピークイングリッシュ	私は中国語がしゃべれる。	私は愛媛にすんでいる。
2回目	ノーベルプライス 2012年	たっきゅうができる。 うまく	私はサッカーがうまくできる。

（4）　（1）　（3）

聞こえたことを書いてみよう。

	No.1	No.2	No.3
1回目			えひめ
2回目		スポーツ	サッカー

上は動作を表す語句や can を聞き取り，意味を理解していると推測できる。下は，まだ動作を表す語句を聞き取ることはできていないと推測できる。

●第３時③

（2）　（1）　（4）　（3）

聞こえたことを書いてみよう。

	No.1	No.2	No.3	No.4
1回目	歌えない△	長くジャンプできる○ およげない△	うたうのがとくい○ およげない△	はしるのがとくい 水の中をあるくのがとくい
2回目	走るのがとくい○			

１回目の視聴でほぼ全ての語句，can/can't の表現を聞き取り，意味を理解している。No.1 については，１回目で聞き取れなかったことを２回目の視聴で聞き取ることができた。

④ できることやできないことを聞き取ったり，尋ねたり答えたりすることができる

目標 できることやできないことを聞き取るとともに，あることができるかどうかについて尋ねたり答えたりすることができる。　指導者……担任，ALT

挨拶 （1 分）

① 歌 “We can be together” （1 分）

② 【C】“Can you sing well?” （2 分）

③ 本時のめあてを知る。 （2 分）

・できるかどうかを尋ねたり答えたりしよう。

④ 【W&T-2】（前半）話を聞いて，登場人物ができること，できないことを聞き取る。
評価場面 （7 分）

・「We Can! 1」38 ページに，登場人物ができることに「○」，できないことに「△」を書き，聞き取れたことを，意味または発音のどちらでもよいので書く。
・児童は，1 回聞いた後，聞き取れたことを発表する。2 回目を聞いて再度聞き取ったことを発表したら，3 回目はそれらを確認しながら聞く。他にも聞き取ったことがあれば書き留める。

⑤ ALT と参観の先生ができること，できないことを予想して尋ねる。 （5 分）

⑥【A-2】友達にできることをインタビューする。 （15 分）

・担任は，前時の⑧【A-1】では前後の席の友達とできることやできないことを尋ね合ったが，本時ではもっとたくさんの友達に尋ねてみようと声を掛ける。インタビューで分かったことをメモするワークシートを配布し，ALT と活動のデモンストレーションを行う。児童は要領を理解したらインタビューを始める。
・担任は途中で一旦活動を止め，Can you ～?，Yes, I can.，No, I can't. 以外の I like ～. や Me, too. などを使って豊かなやり取りをしているよい例を児童の姿から紹介する。後半は，その例を参考にして取り組むように促す。

［児童のやり取りの例］
児童あ：Can you play *kendama*?
児童い：No, I can't.
児童あ：Can you play soccer?
児童い：Yes, I can.　I like soccer.　Can you play soccer?
児童あ：Yes, I can.

⑦ 著名人や身近な人物についての会話を聞いて，Mr./Ms.，he/she の表現を知る。 （7 分）

・担任は，He/She can ～. の表現を使って，八村塁選手，大坂なおみ選手，学校の先生が答えになる 3 ヒントクイズを出題する（例：He can jump high.　He can run fast.　He can play basketball well.　※答え…八村塁選手）
・答えになる人物を Mr./Ms. の敬称をつけて伝え，その人物の写真を黒板に掲示し，それぞれの名前の前に Mr./Ms. と書いたカードを掲示する。
・he/she を使えば，現在は目の前にいない人物について話すことができることに気付かせるようにする。

振り返り，挨拶 （5 分）

⑤ ALT と参観の先生ができること，できないことを予想して尋ねる。

●黒板の絵カードを活用し，ALT，参観の先生ができそうなことを予想し，それぞれに Can you ～? を使って質問する。次に両者が Yes, I can./No, I can't. と答えそうなことを予想して尋ねる。
●ALT，参観の先生は，Yes, I can./No, I can't. で答えたあと，I like/don't like ～. などを用いて，できる理由，できない理由を話す。このことによって，Can you ～? の表現に慣れるとともに，次の⑥の活動につなげる。

⑦著名人や身近な人物についての会話を聞いて，Mr./Ms.，he/she の表現を知る。

児童がよく知っている第三者を話題にすることで，初めて he/she を使った文に出合わせても，児童は言葉や意味を推測しながら聞くことができる。

評価の記録

場面	4 時間目 - ④【W&T-2】(前半)			
方法	☑行動観察　☑記述分析　□振り返りシート分析			
評価基準	領域	聞くこと	観点	知識・技能	相手ができることやできないことについて，具体的な情報を聞き取っている。

名前	児童 1	評価	b

評価

全問正解し，I can/can't ～., Can you ～?, Yes, I can./No, I can't. を使って，相手ができることやできないことについて具体的な情報を聞き取っていることについては「おおむね満足できる」状況 (b) であることが分かった。また，John がオーストラリア出身であることや，Christina がフィリピンの出身であることも聞き取っている。

名前	児童 2	評価	b

評価

全問正解し，I can/can't ～., Can you ～?, Yes, I can./No, I can't. を使って，相手ができることやできないことについて具体的な情報を聞き取っていることについては「おおむね満足できる」状況 (b) であることが分かった。その他の既習の語句については，情報を聞き取っているかどうかは判断できない。

名前	児童 3	評価	c

評価

I can swim fast. には○を書いているが I can play *kendama*. と John が話すのを聞いてけん玉のイラストに△を書いている。料理ができると話したのは Christina だが，John の欄に○を記入して迷った形跡がある。このことから swim, cook 等いくつかの単語を聞き取ることはできるが，できることやできないことの表現について，具体的な情報を聞き取ることに「努力を要する」状況 (c) であると判断した。学習の改善のために⑦で個別指導を行ったり，第 5 時の始めに言語材料を練習し，その様子を観察したりした。

5 第三者ができることやできないことについて話すことができる

目標 第三者ができることやできないことについて話すことができる。また，アルファベット文字の活字体を書くことができる。 指導者……担任，ALT

挨拶 （1分）

① **［Small Talk］週末の予定について，担任と ALT のやり取りを聞いたり，尋ねたり答えたりする。** （5分）

② **歌 “We can be together”** （1分）

③ **【C】“He can run fast. She can sing well.”** （2分）

④ **【W&T-2】（後半）話を聞いて，登場人物ができることやできないことを聞き取る。** （8分）

・John と Christina のできること，できないことを紹介する Satoshi の話を聞いて，聞き取ったことを，意味または発音のどちらでもよいので「We Can! 1」38ページに書き留めるように伝える。

④話を聞いて，登場人物ができることやできないことを聞き取る。

⑤ **前時のインタビューをもとに，グループで，He/She can ～. を使って友達を紹介し合う。** （15分）

・担任と ALT は Can you ～?，Yes, I can.，No, I can't. を使ってできることについて尋ね合う。その後，担任は聞いて分かったことを整理し，ALT のできることやできないことを He can/can't ～. を使って紹介し，活動の手本を示す。
・担任は児童に，前時の⑥で友達にインタビューをして分かったことをもとに，同じような要領でグループで友達を紹介し合うように促す。児童は，4人組になって発表し合う。最後に一人の児童が発表する。

［児童の発表の例］
She can play the piano.
She can play the recorder.
She can't play *kendama*.
She is Ms. Otsuka.

⑥ **本時のめあてを知る。** （1分）

・だれかができること，できないことを紹介する言い方に慣れよう。

⑦ **校内の先生にインタビューをして知ったことをもとにクイズ問題を作るという課題を知り，インタビューをする先生の名前を書き写す。** （7分）

・グループでインタビューをする先生をくじ引きで決める。くじは，先生の名前を英語で4線上に書いた紙を入れた封筒を使う。児童は，その紙を手本として「We Can! 1」39ページに名前を書き写す。
・担任は，インタビューでは英語しか使えないことをルールとして伝えるとともに，ただ尋ねたいことを尋ねるだけでなく，よりよいコミュニケーションを図ることができるような工夫を考えるように伝える。
・児童は，尋ねることの相談が終わったら，気になることや英語の言い方が分からないことを発表する。言い方が分からない英語を ALT に確認して，全員で言う練習をする。最後に，担任はインタビューで先生の様々なことを知ることができるよう励ます。

⑦先生にインタビューをして，クイズ問題を作るという課題を知り，インタビューをする先生の名前を書き写す。

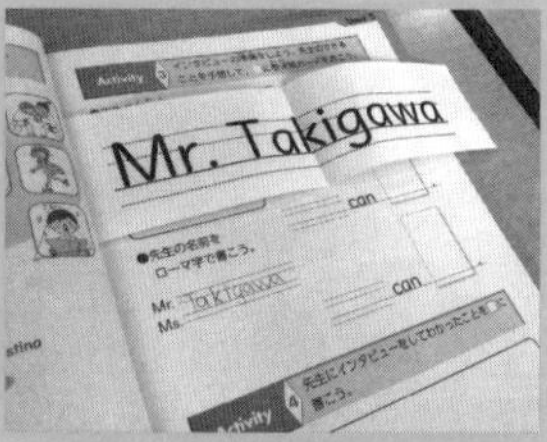

振り返り，挨拶 （5分）

メモ

第５時④【W&T-2】（後半）の児童の記録

前時の⑦で He/She can ～. の表現を導入したばかりであることから，本時の④では形成的評価を行った。把握した児童の学習状況をもとに次時の④に向けて個別指導を行った。

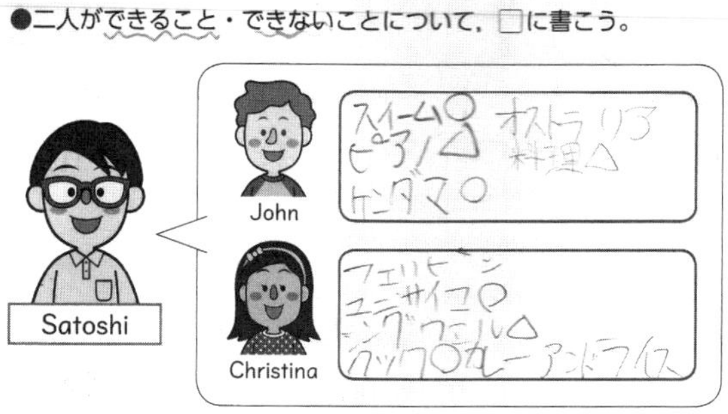

メモ

John と Christina ができること，できないことを全て書き留めている。He can/can't ～., She can/can't ～. を使って第三者を紹介する話を聞いて，具体的な情報を聞き取る技能をおおむね身に付けている状況を見取った。また，John がオーストラリア出身であることや，Christina がフィリピンの出身であることも聞き取っている。

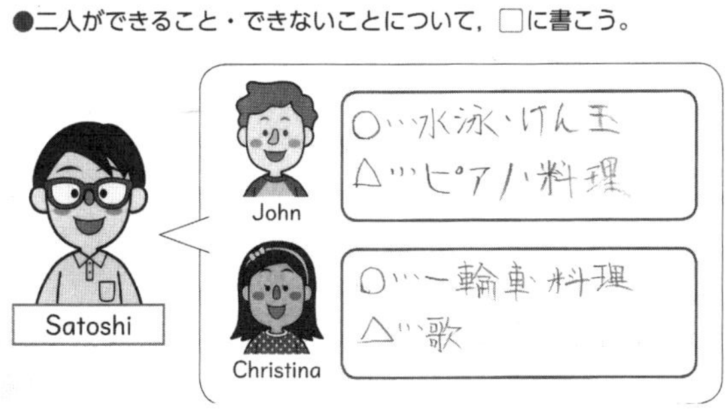

メモ

John と Christina ができること，できないことを全て書き留めている。He can/can't ～., She can/can't ～. を使って第三者を紹介する話を聞いて，具体的な情報を聞き取る技能をおおむね身に付けている学習状況を見取った。

メモ

先生へのインタビュー

５時間目と６時間目の間，休み時間を利用してインタビューを行った。以下は校長先生へのインタビューの一部である。

児童あ	Can you run fast?
校長	Run fast?（聞き返す）
児童あ	Run fast.
校長	Yes, I can.
児童あ	Me, too.
校長	Oh! You can run fast.
児童あ	Can you play baseball?
校長	Yes, I can. I can play baseball.
児童あ	Oh, nice.
校長	Thank you.
児童い	My name is（名前）. Can you play soccer?
校長	Yes, I can.
児童い	Me, too.
校長	Wow.
児童い	Can you play table tennis?
校長	Table tennis? Yes, I can.
児童う	Can you do *judo*?
校長	Yes, I can. I can do *judo*.
児童全員	ええっ，できるの？
児童う	I can do *judo*, too.
校長	Oh, you can do *judo*. Wow!

⑥ 第三者ができることやできないことを聞き取るとともに，先生ができることやできないことを話すことができる

目標 第三者ができることやできないことを伝える話を聞き取るとともに，先生ができることやできないことについて話すことができる。

指導者……担任，ALT

挨拶 （1 分）

① **[Small Talk] ペットについて，担任と ALT のやり取りを聞いたり，尋ねたり答えたりする。** （5 分）

・担任と ALT は he/she を用いて，ペットについて尋ねたり答えたりする。

② **歌 “We can be together”** （2 分）

③ **【C】“He can run fast. She can sing well.”** （2 分）

④ **【Who is he/she? クイズ】著名人や身近な人物ができること，できないことを聞いて，分かったことを記入する。** ★ 評価場面 （7 分）

・ALT が出題するクイズを聞いて，できることやできないことは何か，分かったことをワークシートに記入し，答えはどの先生かを予想して名前を書く。
・出題前に，担任が 4 人の先生（男性 2 人，女性 2 人）の写真を黒板に掲示し，この 4 人の中から 2 人のできること，できないことを紹介することを伝える。
・出題を終えて答え合わせをするときには，ALT は答えの人物の写真を示しながら，できることやできないことを紹介する話を繰り返して言う。

> ［クイズの問題］
> Number one. He can cook. He can swim fast.
> He can't play the piano. He can't do *kendo*.
> Who is he?
>
> Number two. She can ski. She can sing well.
> She can play badminton. She can't ride a unicycle.
> Who is she?

⑤ **本時のめあてを知る。** （3 分）

・先生のできること，できないことを伝え合おう。

⑥ **【A-4】インタビューをもとにワークシートを書き，グループで先生について紹介したいことをまとめる。** （5 分）

・グループで，インタビューで尋ねたことをもとに，学級のみんなに答えてもらえるクイズになるように，相談して伝える内容を決めたり整理したりする。

⑦ **先生のできることやできないことをクイズ形式で紹介する。** ★ 評価場面 （15 分）

・中間指導で，児童はインタビューをして発見した先生の意外な一面や，難しかったこと，英語で言いたかったことなどを発表した。児童が「言いにくい」と言った表現については ALT に続いて全員で復唱し，後半の活動に生かすことができるようにした。

振り返り，挨拶 （5 分）

⑦先生のできることやできないことをクイズ形式で紹介する。

・4 人グループで，先生にインタビューして分かったことをもとに，児童一人 1，2 分ずつ He/She can/can't 〜. や既習の言語材料を使って出題する。
・ALT は必要に応じて正しい発音を知らせたり，言い方が分からない児童をサポートしたりする。
・答えの先生の写真を封筒に入れておき，答え合わせが終わったら黒板に掲示した。

評価の記録

場面	6 時間目 - ④【Who is he/she? クイズ】				
方法	✓行動観察　✓記述分析　□振り返りシート分析				
評価基準	**領域**	聞くこと	**観点**	知識・技能	相手や第三者ができることやできないことについて，具体的な情報を聞き取っている。

「おおむね満足できる」（b）の回答例

	No.1	No. 2
できること　○	料理，速く泳ぐ	スキー，上手に歌う，バドミントン
できないこと△	ピアノ，剣道	一輪車
予想	A 先生	B 先生

評価	he/she の聞き取りができているか，できること，できないことの聞き取りができているかどうかを評価する。

評価の記録

場面	6 時間目 - ⑦ 先生のできることやできないことをクイズ形式で紹介する。				
方法	✓行動観察　□記述分析　□振り返りシート分析				
評価基準	**領域**	話すこと［発表］	**観点**	知識・技能	校内の先生について，He/She can ～., He/She can't ～. の表現を用いて，できることやできないことを話している。

名前	児童 4	**評価**	**b**
児童 4	She likes cats. She likes arts and crafts. She can't play table tennis. She can cook.		インタビューで分かったことをもとに，She can/can't ～. を用いて，第三者ができることやできないことを話していることから，「おおむね満足できる」状況（b）であると判断できる。

名前	児童 5	**評価**	**b**
児童 5 担任 児童 5 	He can table tennis. He can play table tennis. He can play table tennis. He can play soccer. He can do *judo*.		初めは He can table tennis. と間違って言っていたが，担任のサポートによってすぐに言い直すことができた。以降は，第三者ができることを話すことができていることから，「おおむね満足できる」状況（b）であると判断できる。

名前	児童 6	**評価**	**c**
児童 6 担任 児童 6 担任 児童 6	He can play soccer. He can play fall. Play fall? （同じグループの児童のサポートを受けて）He like fall. Fall? spring, summer, fall, winter の fall? そう。He can baseball.		最初は He can ～. を用いて第三者ができることを話すことができているが，He can play fall. と言っていることや，He can play baseball. と正しく言えていないことから，「努力を要する」状況（c）であると判断した。

7 自分のことをよく知ってもらうために，できることやできないことなどを話すことができる

目標 自分のことをよく知ってもらうために，自分ができることやできないことなどについて，自分の考えや気持ちを含めて話すことができる。また，アルファベット文字の活字体を書くことができる。

指導者……担任，ALT

挨拶 （1 分）

① 歌 “We can be together” （2 分）

② 【C】“I can run. I can swim.” （2 分）

③ 自分のできることやできないことを書いて，自分を紹介するワークシートを作る。 （10 分）

- 児童は，できることやできないことをどのように紹介するかを考えて整理する。
- I can の文字をなぞったり手本を見ながら書き写したりする。自分の顔を描き，できることを図や絵で表して紹介用シートを作成する。
- ALT は児童がワークシートを完成させることができるようにサポートする。

④ ペアで自分のできることやできないことについて話す。 ★ 評価場面 （23 分）

- 児童は③のワークシートが完成したら，順次ペアで，できることやできないことを発表し合う。
- 担任は，巡回しながら児童の発表の様子を評価する。ALT は，英語の言い方が分からない児童のサポートなどをする。

振り返り，挨拶 （7 分）

③自分のできることやできないことを書いて，自分を紹介するワークシートを作る。

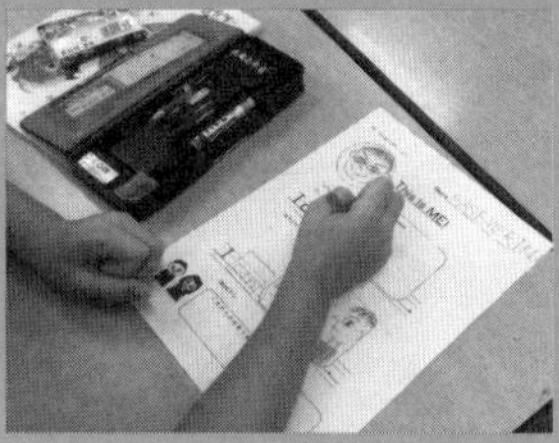

④ペアで自分のできることやできないことについて話す。

・できること，できないことを二つ以上発表し，聞いている相手に一つは質問をする。

ワークシート

評価の記録

<table>
<tr><td>場面</td><td colspan="5">7時間目 - ④ ペアで自分のできることやできないことについて話す。</td></tr>
<tr><td>方法</td><td colspan="5">☑行動観察　□記述分析　□振り返りシート分析</td></tr>
<tr><td rowspan="2">評価基準</td><td rowspan="2">領域</td><td rowspan="2">話すこと［発表］</td><td rowspan="2">観点</td><td>知識・技能</td><td>I can/can't ～. など自分ができること，できないことを表す表現を用いて，考えや気持ちなどを含めて話している。</td></tr>
<tr><td>思考・判断・表現</td><td>自分のことをよく知ってもらうために，自分ができることやできないことなどについて，自分の考えや気持ちを含めて話している。</td></tr>
</table>

<table>
<tr><td>名前</td><td>児童7</td><td rowspan="3">評価</td><td>知識・技能</td><td>a</td></tr>
<tr><td colspan="2" rowspan="2">児童7　This is me.　I can't swim.　I can play video games.
Can you play video games?
担任　No, I can't.
児童7　I can play the electric drums.
Do you know the electric drums?
担任　Electric drums?　Yes, I do.
Do you have the electric drums?
児童7　Yes, I do.　I like music.
担任　Wow, nice.　Thank you.</td><td>思考・判断・表現</td><td>a</td></tr>
<tr><td colspan="2">I can/can't ～., Can you ～? などの表現を使って自分ができることやできないことを話したり，相手に尋ねたりしている。電子ドラムを知っているかと尋ねたり，音楽が好きであることを付け足して話している。以上のことから，「知識・技能」「思考・判断・表現」の両方の観点について「十分満足できる」状況（a）であると判断できる。</td></tr>
</table>

<table>
<tr><td>名前</td><td>児童8</td><td rowspan="3">評価</td><td>知識・技能</td><td>b</td></tr>
<tr><td colspan="2" rowspan="2">児童8　This is me.　I can't ride a unicycle.　I can run fast.
I can play soccer.　Can you play soccer?
担任　Yes, I can.　I like watching soccer games.
児童8　Me, too.　I like Tokushima Vortis.
担任　Oh, you're a Tokushima Vortis fan.　I see.　Thank you.</td><td>思考・判断・表現</td><td>b</td></tr>
<tr><td colspan="2">I can/can't ～., Can you ～? などの表現を使って自分ができることやできないことを話したり，相手に尋ねたりしている。また，相手に質問したり，自分の好きなサッカーチームのことを付け足して話している。以上のことから「知識・技能」「思考・判断・表現」の両方の観点について「おおむね満足できる」状況（b）であると判断できる。</td></tr>
</table>

<table>
<tr><td>名前</td><td>児童9</td><td rowspan="3">評価</td><td>知識・技能</td><td>b</td></tr>
<tr><td colspan="2" rowspan="2">児童9　I can't play recorder.
担任　play ...?
児童9　あっ。I can't play the recorder.　I can swim.
I can play baseball. ......
担任　You can play baseball very well.
Do you like baseball?
児童9　Yes. ......</td><td>思考・判断・表現</td><td>c</td></tr>
<tr><td colspan="2">play recorder と言った後，担任に促されれば正しく言い直すことができた。また，I can/can't ～. を使って児童が実際にできること，できないことを話していることから，「知識・技能」については「おおむね満足できる」状況（b）であると判断した。「思考・判断・表現」については，担任からの質問に答えてはいるが，自分から尋ねたり，言葉を付け足して話したりはしていないこと，ワークシートを見ながら話しており，相手の反応を確かめながら話そうとしていないことから，「努力を要する」状況（c）と判断した。</td></tr>
</table>

8 自分のことをよく知ってもらうために，できることやできないことなどを話すことができる

目標 自分のことをよく知ってもらうために，できることやできないことなどについて，自分の考えや気持ちを含めて話すことができる。

指導者……担任，ALT

挨拶 （2分）

担任 Let's start our English class. Stand up, please.（児童全員が起立する）

ALT Good afternoon, everyone. How are you?

学級 I'm（good, fine, hungry など各々が答える）.

How are you?

ALT I'm good, but a little sleepy（ジェスチャーを付ける）.

担任 I'm happy. Thank you.

Please sit down.

指導のポイント

●毎時間，導入は①時間別の挨拶，②調子を尋ねる挨拶のみで短時間で済ませている。

① 歌 "We can be together" を歌う。 （3分）

・2チームに分け，歌を先に歌う側，後に歌う側に分けて掛け合いで歌う。

② 本時のめあてを知り，ALT の紹介を聞く。 （5分）

・担任は，本時が「できること，できないこと」を扱う単元最後の時間であることを伝え，「自分のことをもっと知ってもらおう」をめあてとし，既習の内容を使って活動することを伝える。

・ALT が発表の手本を示す。I can/can't ～. で自分のできることやできないことを発表した後に，最後に Comment, please. を付けてコメントを求める。担任は聞く側の手本として，既習の言語材料を使って ALT に質問をする。その後，児童にコメントを促す。

・児童が手順を理解したかを確認するため，担任が発表のデモンストレーションを見せてから③へ移る。

担任 前の時間は，ペアで自分のできることとできないことを紹介し合ったね。今日は自分のことをもっと知ってもらうためにグループやみんなの前で紹介しよう。友達のことで，意外と知らなかったことが分かるかもしれないね。最初にジョエル先生のことを聞いてみたいと思います。Joel *sensei*, OK?

ALT OK.（黒板の前に立つ）This is Me.（前時に使用したワークシートを見せながら言う）。

I can't swim. But, I can run fast. And I can play table tennis. Can you play table tennis?

担任 Yes, I can.

学級 （数名挙手する）

ALT Thank you. Comment, please.

担任 （挙手する）

ALT Oh, Sakata *sensei*.

担任 I can play table tennis, too. And I like table tennis.

How about you? Do you like table tennis?

ALT Yes! I like table tennis.

担任 いっしょにやってみたいね。

Do you have any comments? 児童10さん。

児童10 I can play table tennis, and I can run fast.

ALT You can play table tennis. And you can run fast.

I see. Thank you.

担任 自分のことを言うのもいいね。（後略）

③ 発表の練習をする。 (3分)

・担任は，前時までの学習で児童が言いよどんだり言い間違えたりすることが多かった語句の絵カードを ALT に渡す。ALT はそのカードに記されている語句について，I can/can't を付け足して自分のことを言う。児童はそれを聞き取り，個別に I can /can't ～. を使って自分のことを言う。次に，ALT は Can you ～? を付けてカードに記された語句を使って質問し，児童は Yes, I can.，No, I can't. を使って個別に答える。

・Wonderful.，Nice.，Me, too.，I see. など，これまでに学習した自分の考えや気持ちを伝える言葉を全員で一斉に言う。

・担任は，再度めあてを伝え，本単元に設定された言語材料以外の語句や表現も用いて，英語で自分のことや考えや気持ちなどを伝えるように言葉掛けをする。

（略）

担任　Comment, please. で，質問をしてもいいし，これまで学習してきたこんな言葉で感想を言うのもいいね。（吹き出し型の絵カードを ALT に渡す。ALT は吹き出しを一つ一つ見せながら発音する）

ALT　Wonderful.

学級　Wonderful.

ALT　Nice.

学級　Nice.（以下，同じ要領で Me, too.，Do you like ～?，I see.，Can you ～? を練習する）

担任　今日は「自分のことをもっと知ってもらおう」がめあてです。どんなことに気を付けて紹介したらいいかな。いつも大事にしている「Good communication の約束」だけじゃなくて，知っている英語を使って質問や反応ができるといいね。準備はいいかな。
Move your desks. Please start.

指導のポイント

●本単元の最後の言語活動を始める前に，前時の行動観察をもとに，児童がなかなか言い慣れない ride a unicycle，sing well，play が落ちやすい play baseball など，児童が間違いやすい語句の言い方を全員で確認している。

●感想を伝えるリアクションの表現については，言語活動の際に自分の考えや気持ちを表す際に考えて活用することができるように，意味や使い方は教えずに，発音の確認だけにとどめている。

④【A-5】（前半）自分のことを知ってもらうために，できることやできないことなどをグループや全体で話す。また，尋ねたり答えたりする。★評価場面 (10分)

・座席を変え，本単元ではペアワークをしていない児童で４人グループを作る。児童は，前時に書いた紹介用のワークシートを活用し，一人ずつ発表する。

・担任は，児童の学習状況を見取りながら，随時フィードバックを行う。
ALT は，児童のサポートを行う。

⑤ 中間指導で，よい発表の例を知る。 **（5分）**

・担任が，伝え方を工夫している児童や，尋ね方を工夫している児童を紹介する。後半の活動で互いに理解を深めることができるようにさらに工夫して伝え合うように促す。

> ［児童の工夫の例］
> ・Do you like ～? で質問をしていた。
> ・発表者が I can ～. と言ったことを聞いて，I can ～, too. と反応した。
> ・その反応を聞いて，発表者が I see. と受け止めていた。

⑥【A-5】（後半）グループを入れ替え，再度，自分のことを知ってもらうために，できることやできないことなどをグループや全体で話す。また，尋ねたり，質問に答えたりする。 ★ 評価場面 **（10分）**

・座席を移動してグループのメンバーを入れ替え，再度活動する。

・④と同じように，担任は行動観察で評価を行う。ALT は，児童の様子を観察しながらサポートを行う。

・最後に「前でやってみたい人」と尋ね，挙手をした児童を数名指名する。指名された児童は，電子黒板に紹介用ワークシートを投影し，発表する。

振り返り，挨拶 **（7分）**

・振り返りシートに記入してから，自己評価を発表し合う。

担任　Please write your comments on your reflection sheet. 振り返りシートに，友達のことで新しく発見したこと，自分が言えたことなどを書いてください。それから，自分の考えや気持ちを伝えるためにもっと知りたいことや，言えるようになりたいことがあった人は，それも書けるといいね。またジョエル先生に教えてもらおうね。
（児童が書き終えた頃合いを見て発表に移る）

担任　Give your comment, please. 児童 11 さん。

児童11　○くんがボルダリングができると聞いて驚きました。

担任　そうだったね。すごいね。いろんなことができる人がいたね。先生は児童 12 さんが意外なことができることを知りました。児童 12 さん，みんなに紹介してくれるかな。

児童12　I can play video games. I can play the electric drums.

担任　He can play the electric drums.（ドラムを演奏するジェスチャーをする）

ALT　Electric drums.（ドラムを演奏するジェスチャーをする）

担任　He can play the electric drums. Cool! Thank you.（着席を促す）。
友達のできること，できないことを知ることができました。自分が苦手なことを友達ができるっていう発見もありましたね。こうやって英語を使っていろんなことを伝え合って，お互いのことがもっと分かるようになるといいね。
That's all for today. Stand up, please.

学級　（起立する）

担任　Thank you, everyone.

学級　Thank you, Joel *sensei*, and Sakata *sensei*.

ALT　Thank you. See you.

指導のポイント

●学習状況を把握するため，振り返りをさせる前に観点を明確にさせている。

●言語活動を通して資質・能力を育成する目標を踏まえ，伝え合うことのよさを話してまとめをしている。

評価の記録

<table>
<tr><td>場面</td><td colspan="5">8時間目 - ④⑥【A-5】自分のことを知ってもらうために，できることやできないことをグループや全体で話す。また，尋ねたり答えたりする。</td></tr>
<tr><td>方法</td><td colspan="5">☑行動観察　□記述分析　□振り返りシート分析</td></tr>
<tr><td rowspan="2">評価基準</td><td rowspan="2">領域</td><td rowspan="2">話すこと［発表］</td><td rowspan="2">観点</td><td>思考・判断・表現</td><td>自分のことをよく知ってもらうために，自分ができることやできないことなどについて，自分の考えや気持ちを含めて話している。</td></tr>
<tr><td>主体的に学習に取り組む態度</td><td>自分のことをよく知ってもらうために，自分ができることやできないことなどについて，自分の考えや気持ちを含めて話そうとしている。</td></tr>
</table>

<table>
<tr><td>名前</td><td>児童13</td><td rowspan="3">評価</td><td>思考・判断・表現</td><td>b</td></tr>
<tr><td colspan="2" rowspan="2">This is me. I can play shogi. I can't play soccer.
I can play table tennis.
Can you play table tennis?
（返事を聞いてから）Comment, please.
（Do you like table tennis? と尋ねられて）
Yes. I like table tennis.
Thank you.</td><td>主体的に学習に取り組む態度</td><td>b</td></tr>
<tr><td colspan="2">自分のことを知ってもらうために，I can/can't ～. や動作を表す表現を用いてできることを伝え，好きなことを話している。また，自分のできることの中から友達や全体に Can you ～? で尋ねることを選び，内容を整理しながら話をしている。「思考・判断・表現」と「主体的に学習に取り組む態度」の観点を「おおむね満足できる」状況（b）と判断できる。</td></tr>
</table>

<table>
<tr><td>名前</td><td>児童14</td><td rowspan="3">評価</td><td>思考・判断・表現</td><td>b</td></tr>
<tr><td colspan="2" rowspan="2">This is me. I can play the piano. I can play soccer.
I can't sing well.
Can you sing well?
（返事を聞いてから）Comment, please.
（Can you draw a picture? と尋ねられて）
No, I can't.
Thank you.</td><td>主体的に学習に取り組む態度</td><td>b</td></tr>
<tr><td colspan="2">自分のことを知ってもらうために，I can/can't ～. や動作を表す表現を用いてできることを話している。また，自分のできることの中から友達や全体に Can you ～? で尋ねることを選んでいることから，「思考・判断・表現」と「主体的に学習に取り組む態度」の観点を「おおむね満足できる」状況（b）と判断できる。</td></tr>
</table>

<table>
<tr><td>名前</td><td>児童15</td><td rowspan="3">評価</td><td>思考・判断・表現</td><td>c</td></tr>
<tr><td colspan="2" rowspan="2">This is me. I can soccer.
I can't baseball. I can't play baseball.
Can you soccer?
（返事を聞いてから）Comment, please.
（Can you play the piano? と尋ねられて）
No.
Thank you.</td><td>主体的に学習に取り組む態度</td><td>c</td></tr>
<tr><td colspan="2">自分のことを知ってもらうために，I can/can't ～. を用いて話そうとしているが，play が欠落したり，話す内容が十分に整理されていなかったりしていることから「思考・判断・表現」と「主体的に学習に取り組む態度」の観点を「努力を要する」状況（c）と判断する。</td></tr>
</table>

本単元における評価の総括

名前	児童16

領域	観点 ＼ 場面・方法	4時間目④［行動観察・記述分析］	6時間目④［行動観察・記述分析］	6時間目⑦［行動観察］	7時間目④［行動観察］	8時間目④⑥［行動観察］	総括
聞くこと	知・技	b	b	―	―	―	B
	思・判・表	―	―	―	―	―	―
	態　度	―	―	―	―	―	―
話すこと［発表］	知・技	―	―	b	b	―	B
	思・判・表	―	―	―	b	b	B
	態　度	―	―	―	―	b	B

振り返りシート

今日のめあてをふりかえろう				感想（心に残ったことや気づいたこと，新しい発見など）
【めあて】 動作を表す言い方や「できる」「できない」という表現を知ろう。				できるは「can」で，できないが「can't」だと知った。少しのちがいでも，意味がちがうので，はっきり言った方がいいと思った。
動作を表す語を知った。	とても	まあ	あまり	
今日の授業で新しい発見があった。（動作を表す言い方のちがいやにているところなど）	とても	まあ	あまり	
【めあて】「できる」「できない」という表現を聞いたり言ったりしよう。				先生のできることとできないことがわかった。いいかたになれてきた。
先生のできることやできないことの話を聞いて，わかった。	とても	まあ	あまり	
「できる」「できない」という言い方を聞いたり言ったりした。	とても	まあ	あまり	
【めあて】できるかどうかをたずねたり答えたりしよう。				スモールトークでは自分の使える英語が使えるようになってきた。
スモールトークでは知っている英語を使って，会話ができた。	とても	まあ	あまり	
友達にできるかどうかをたずねたり自分が答えたりした。	とても	まあ	あまり	
【めあて】できるかどうかをたずねたり答えたりしよう。				私からすすんで，友達に聞くことができた。次はもっとすらすら言えるようになりたい。
友達にできるかどうかをたずねたり自分が答えたりした。	とても	まあ	あまり	
友達に進んでインタビューできた。	とても	まあ	あまり	
【めあて】 だれかができること，できないことを紹介する言い方に慣れよう。				He,Sheの使い方やミスター、ミズなどの使いわけがわかった。生活でも，He,Sheが使えるようになりたい。
He，She の使い方がわかった。	とても	まあ	あまり	
先生のできることを予想して，インタビューの準備をした。	とても	まあ	あまり	
【めあて】先生のできること，できないことを伝え合おう。				そがべ先生がけんどうができることや，うさぎがすきなことがびっくりしました。
スモールトークでは知っている英語を使って，会話ができた。	とても	まあ	あまり	
ヒントの出し方を工夫して，先生の「できること」「できないこと」を紹介した。	とても	まあ	あまり	
【めあて】自分のことを紹介するカードを作って伝え合おう。				みんなが知らないことを絵でかけました。発表をして，みんなのできることをたくさん知るのがとても楽しみです。
自分のことを伝えるために，ていねいに文字を書いて紹介カードを作った。	とても	まあ	あまり	
知っている英語を使ってやり取りをしながら，自分のことを伝えた。	とても	まあ	あまり	
【めあて】自分の「できること」「できないこと」を積極的に伝え合おう。				くんがなわとびがあまり得意ではないことを知ってびっくりしました。わたしは，質問のときに，きちんとできたのでよかったと思いました。
前の時間の活動を生かして，相手に伝わるように，紹介の仕方を工夫した。	とても	まあ	あまり	
自分の考えや気持ちを伝えるために，もっと知りたいことや，言えるようになりたい英語の表現があった。	とても	まあ	あまり	

評価メモ	●「知識・技能」「思考・判断・表現」の観点については，単元全体を通して「おおむね満足できる」状況（b）であったことから，「おおむね満足できる」状況（B）であると評価を総括した。 ●「主体的に学習に取り組む態度」の観点については，第８時の発表の場面④⑥の行動観察で，これまでの学習を踏まえて質問したり，相手の反応を確認しながら話したりする姿が見られること，振り返りシートの記述から，学習活動に主体的に取り組み，I can/can't ～.，Can you ～?，he/she，Mr./Ms. を理解し，活用できるようにめあてをもって取り組んでいる姿を見取ることができることから，学習を自己調整しながら粘り強く取り組んでいると判断し，「おおむね満足できる」状況（B）であると評価を総括した。

1学期末パフォーマンス評価

ALTとのおしゃべりタイム

ジョエル先生と仲よくなろう

話すこと〔やり取り〕「知識・技能」「思考・判断・表現」「主体的に学習に取り組む態度」

【概要】

5年の1学期末までに学習した語句や表現について，目的を達成するために活用する資質・能力がどの程度身に付いているのかを評価するためにALTとの対面方式でパフォーマンス評価を行った。

【テスト細目】

1 テスト範囲

「We Can! 1」Unit 1～5

2 実施方法

・ALTと児童が1対1でやり取りを行う。「ALTと仲よくなろう」を課題として提示した。
・所要時間は児童一人当たり5分。
・テストは別室で個別に実施する。

3 評価方法

・評価は学級担任と同じ学年の担任の二人で行う。学級担任がやり取りの様子をその場で行動観察を行う。もう1名はビデオ視聴による評価を行う。
・それぞれ評価基準を用いて評価を行い，二人の評価を総合して評価する。

4 評価規準

	知識・技能	思考・判断・表現	主体的に学習に取り組む態度
話すこと［やり取り］	「知識」 Unit 1～5で学習した語句や表現を用いた尋ね方，その答え方について理解している。 「技能」 Unit1～5で学習した語句や表現を用いて，自分の考えや気持ちなどを含めて話したり尋ねたり答えたりする技能を身に付けている。	相手のことをよく知ったり，相手に自分のことをよく知ってもらったりするために，日常生活に関する身近で簡単なことについて，自分の考えや気持ちなどを含めて話している。	相手のことをよく知ったり，相手に自分のことをよく知ってもらったりするために，日常生活に関する身近で簡単なことについて，自分の考えや気持ちなどを含めて話そうとしている。

5 事前指導

・児童に，一人5分ずつALTと対面で話す時間を設けたことを伝え，「ALTに自分のことをもっと知ってもらおう」「ALTのことを聞いてみよう」など，やり取りの目的を示した。
・また「ALTに自分のことを知ってもらうためには，どのような言葉を使って自分を紹介することができるか」を尋ね，これまでの学習を想起させてからパフォーマンス評価を実施した。

名前	児童 17

記録

ALT	Hello.
1	Hello.
ALT	How are you?
2	I'm ... a little hungry.
ALT	A little hungry.
3	How are you?
ALT	I'm also a little hungry.
	Please talk about yourself.
4	I like *sushi*.
ALT	Oh, *sushi*.
5	Do you like *sushi*?
ALT	Yes, I do. I like *sushi*.
6	I don't like mushroom.
ALT	Oh, you don't like mushrooms.
	Me, too,
7	Oh.（笑う）.... I like spring.
ALT	Oh, you like spring.
8	Do you like spring?
ALT	Yes, I do. It's very cool.
9	.... When is your birthday?
ALT	My birthday is July 26th.
	When is your birthday?
10	My birthday is March 20th.
ALT	Your birthday is March 20th. I see.
11	What sport do you like?
ALT	I like soccer.
12	Me, too.
ALT	Oh, what sport do you like?
13	I like tag rugby and soccer.
ALT	Oh, you like tag rugby and soccer.
	Nice.
14	I want game .... Game cassette.
ALT	Oh, you want a game cassette.
	What game?
15	I want "Mario Maker".
ALT	Oh, "Mario Maker". Good.
16	What game do you want?
ALT	I want "Zelda".
17	Oh.
ALT	Do you have a Nintendo Switch?
18	Yes, I do.
ALT	Oh, nice.
19	I like "大乱闘スマッシュブラザーズ".
ALT	Oh! Me, too. It's very fun.
20	....
ALT	Can you swim?
21	Yes, I can. Can you baseball?
ALT	No, I can't. I can't play baseball.
	Can you play baseball?
22	....
ALT	A little?
23	Yes.
ALT	I see. Do you like baseball?
24	No, I can't. Baseball, ..., look, I like baseball?
ALT	Ah, OK. Do you watch Rugby World Cup?
25	Yes, I can. あっ。Yes, I do.
ALT	Oh, nice.
26	I like Nippon.
ALT	Oh, yeah. Nippon, Japan is doing good.
27	Do you like rugby?
ALT	Uh-huh .... No, I don't. I don't like rugby.
28	I don't like sing well.
ALT	Oh, OK. Do you like song?
29	うーん……。A little.
ALT	What song do you like?
30	I like "Lemon".
ALT	Oh, me. too. I like "Lemon".
	Yonezu Kenshi is cool.
31	Yes.
	（担任に終了を告げられて）Thank you.
ALT	Thank you. See you.
32	See you.

評価

話すこと（やり取り）	観点	知・技	思・判・表	態度
	評価	b	b	b

【知識・技能】

ALT の質問に対し，言いよどむことがあったものの（2，9，14，20，22，24，29），それ以外では相手が伝えようとしていることを理解し，既習の語句や表現を使って誕生日や好きなもの，欲しいものなどを答えている。Yes, I can. と Yes, I do. を言い間違えたがすぐに修正しており（25），できることを尋ねたり答えたりする表現についても理解していることが分かる。Can you baseball? と尋ねており，動作を表す表現の全てを十分に理解しているとは言えないかもしれないが（21），その他のやり取りの内容から「おおむね満足できる」状況（b）であると判断した。

【思考・判断・表現】【主体的に学習に取り組む態度】

ALT と仲よくなるという目的を達成するために，自分から好きなもの，好きではないもの，欲しいものを話したり，好きなスポーツを尋ねたり答えたりしている（4，5，6，7，11，14）。また，ALT に誕生日や好きなこと，できることなどについて尋ねられ，自分のことを答えている様子から，両方の観点で「おおむね満足できる」状況（b）であると判断した。

監修者による講評

指導者自身の指導改善，学習者の学習改善という学習評価の意義を実現するためには，評価場面の設定を事前に検討すること，つまり，どの場面で記録に残す評価を行うか，それは何のためかを考え，計画を立てておくことが大切です。坂田教諭の実践では，そのことが十分に吟味されているようです。例えば，「聞くこと」の領域について，第 4，6 時で「知識・技能」の観点で記録に残す評価を行っています。この 2 場面は言語材料が違いますが，第 4 時の評価場面で「おおむね満足できる」状況(b)に届かなかった児童について，それ以降の活動で指導や支援を行い，次の評価場面で「おおむね満足できる」状況(b)となるようにします。また，「聞くこと」の力と「話すこと」の力は影響し合っていると思われますので，十分に聞く力を付けておき，その後の伝え合う活動で発揮できるようにします。

本事例では，第 6，7，8 時で「話すこと［発表］」の領域で記録に残す評価を行っています。第 6 時と第 7 時では言語材料が違っていますが，第 6 時で can を正しく使えているかどうかは，その後に影響を及ぼしますので，ここで「努力を要する」状況(c)と評価した児童については，それ以降，特に個別指導や支援を行い，「おおむね満足できる」状況(b)に引き上げられるようにすることが大切です。

さて，本単元最後の言語活動である「自分のことをよく知ってもらうために，自分ができることやできないことなどについて，自分の考えや気持ちを含めて話している」を見取る場面は，第 7，8 時に設定されています。どちらも「思考・判断・表現」の観点で見取っており，コミュニケーションを行う目的や場面，状況などが設定された活動を評価場面としていることを確認しておきたいと思います。第 8 時では，第 7 時の活動を生かして，相手によりよく伝わるよう相手に配慮し，自己調整を図りながら粘り強く発表している様子も見取っています。

このように細かなステップを踏んだ評価と指導との繰り返しが，児童の「発表できた」「だんだんうまく発表できるようになった」「相手に伝わっていることが分かる」「もっと相手が納得するように話したい」のような自信と意欲の向上につながります。

本単元以前の学習内容も範囲に含めて実施したパフォーマンス評価において，3 観点で全児童を同条件で見取り，総括評価に生かしています。その際にも，コミュニケーションを行う目的や場面，状況などが設定されていること，児童がパフォーマンス評価で緊張しないように配慮されていることも注目すべき点です。

付録　高学年外国語科評価演習問題

問題

次の単元計画で改善したいところはどこですか。改善方法も含めて考えましょう。

1　教材・単元名など

・教材名「新学習指導要領対応　小学校外国語教材 We Can! 1」文部科学省

・学年　5年

・単元名　Unit 9「Who is your hero?」

・実施時期　2～3月

2　単元について

本単元は，5年の最後の単元である。4月に外国語科の授業を始めたばかりのUnit 1で，児童は互いのことをもっとよく理解し合うために，I like/want ～.やI don't like/want ～.を用いて，自分の好きなことや欲しいものを伝えて自己紹介をする言語活動に取り組んだ。今度は1年間の外国語科で学習したcan/can't ～，he/sheなどを用いて第三者を紹介する言語活動に取り組むことで，1年間の学習をまとめるとともに，児童自身ががんばったことや成長を実感し，次年度への学習意欲を高めたいと考えた。そこで，単元最後の言語活動を「尊敬する人物を紹介し合おう」と設定した。この言語活動に向けて，できることだけではなく得意なことについて伝え合うために，be good at ～の表現を導入し，慣れ親しむ活動を設定した。また，単元の最後に，語順を意識して書く力を育成し，評価するためにミニテストを取り入れた。

3　単元目標

尊敬する第三者を紹介する言い方を理解し，友達と第三者の尊敬しているところを伝え合うことができる。また，自分が尊敬する第三者を紹介する文を語順を意識して書き写すことができる。

4　評価規準

	知識・技能	思考・判断・表現	主体的に学習に取り組む態度
話すこと［やり取り］	＜知識＞ He/She is good at ～. の言い方や，第三者ができることや得意なことを紹介するための言語材料を理解している。 ＜技能＞ He/She is good at ～. の言い方や，第三者ができることや得意なことを伝え合う技能を身に付けている。	尊敬する第三者について，考えや気持ちを含めて伝え合っている。	尊敬する第三者について，考えや気持ちを含めて伝え合おうとしている。
書くこと	＜知識＞ 語順について理解している。 ＜技能＞ 大文字と小文字を4線上に正しく書く技能を身に付けている。	尊敬する第三者が得意なことを語順を意識して書いている。	尊敬する第三者が得意なことを語順を意識して書こうとしている。

5　言語材料

I am/You are/ good at ～., He/She is good at ～., I/You/He/She can ～.

動作を表す語句，状態・気持ちを表す語句(active, brave, cool, fantastic, friendly, funny, gentle, great, kind, nice, strong, tough)など

6　単元計画(全７時)

時	目標 主な活動	評価 知・技	思・判・表	態	評価規準＜評価方法＞
1	得意なことの表現の仕方を知り，単元の学習の見通しをもつ。				
	【W&T】映像を視聴し，分かったことを発表する。be good at ～の表現を知る。				
	【L-1】登場人物の得意なことを聞き取る。				
	ペアで得意なことを伝え合う。				
2	状態や気持ちを表す語句を知り，慣れ親しむ。				
	キーワード・ゲーム				
	ラッキーカード・ゲーム				
	【L-2】登場人物の家族の話を聞き取る。				
3	得意なことを紹介する表現に慣れ親しむ。				
	キーワード・ゲーム				
	Who is he/she?　かるたクイズ				
	【A-1】得意なことなどを紹介し合う。	や			[知]He/She is good at ～. の言い方を理解し，活用することができる。＜行動観察＞
4	第三者が得意なことやできることを聞いて分かる。				
	Who is he/she?　かるたクイズ				
	【C】Who is your hero?				
	【L-3】３人のことについて聞いて，分かったことを書く。				
5	第三者が得意なことやできることを聞いたり言ったりすることができる。				
	【C】Who is your hero?				
	Who is he/she?　かるたクイズ				
	【L-4】先生のヒーローの話を聞いて，分かったことを書く。				
	ペアで学級の友達ができることや得意なことを伝え合う。	や	や		[知]第三者ができることや得意なことを紹介するための言語材料を理解し，活用できる技能を身に付けている。 [思]尊敬する第三者について，考えや気持ちを含めて伝え合っている。＜行動観察＞
6	尊敬する第三者について自分の気持ちを含めて伝え合うことができる。また，語順を意識して書くことができる。				
	クイズで友達のできることや得意なことを紹介する。				
	尊敬する友達について，自分の気持ちを含めて伝え合う。				
	ミニテスト	書	書	書	[知]語順について理解し，大文字と小文字を４線上に正しく書く技能を身に付けている。 [思][態]尊敬する第三者が得意なことを語順を意識して書いている / 書こうとしている。＜ミニテスト＞
7	尊敬する第三者について自分の気持ちを含めて伝え合うことができる。また，それを書き写すことができる。				
	尊敬する人物を紹介するカードを完成させる。	書	書	書	※第６時と同じ＜行動観察、カード記述分析＞
	カードを使って尊敬する人物を伝え合う。	や	や	や	[知]※第５時と同じ。 [思][態]尊敬する第三者について，考えや気持ちを含めて伝え合っている / 伝え合おうとしている。＜行動観察＞

回答例

以下に回答例を5つ示しました。この他にも改善したいところがあると思います。先生方と話し合ったり本書を読み返したりして,「指導と評価の一体化」について理解を深めることに役立てていただければと思います。

①**言語活動に，目的や場面，状況などが設定されているか。**

評価規準の「思考・判断・表現」「主体的に学習に取り組む態度」の記述からは，言語活動の目的や場面，状況などの設定が読み取りにくい。第5学年の最後の単元であることを踏まえ，「来年がんばることを決めるために」「学級のHero Mapを作るために」など，他教科等と関連を図ったり，児童の興味・関心を踏まえたりして適切に設定したい。

②**評価規準は目標とする資質・能力に合っているか。児童の学習状況が分かりやすく記述されているか。**

「書くこと」の「知識・技能」の観点について，知識とそれを活用する技能が対応していない。また，その記述からは，児童が何をどのように学習している状況を表しているのかが分かりにくい。適切で効率的な評価のために，観点に合わせることはもとより，言語材料や活動を具体的に記述したい。各時間の目標の記述についても同様に見直す必要がある。

③**言語活動を通して言語材料を習得しているか。**

第2，3時は，目標を「語句や表現に慣れ親しむ」としており，ゲームが授業の中心になっている。その後も言語材料に慣れ親しむためのクイズが第5時まで繰り返し設定されている。言語材料の意味や使い方を考えながら理解を深め，活用できるようにする活動が少ない。言語活動で言語材料を実際のコミュニケーションにおいて活用しながら習得していくことができるように見直したい。

④**評価場面は適切か。**

第1時にbe good at ～を，第2時に状態や気持ちを表す語句を導入した後の第3時で，「話すこと［やり取り］」の「知識・技能」の観点からの評価を記録に残すことは適切だろうか。十分に指導した上で評価場面を設定するなど，評価場面を検討したい。

⑤**目標に適した評価方法を選択しているか。**

「書くこと」の目標に示されている「語順を意識して」は，単語の並べ替えを意味しているのではないため，ミニテストの(1)の内容は適切とは言い難い。(2)についても，目的や場面，状況などに合わせて自分の伝えたいことを書いていないことから「思考・判断・表現」の観点を評価する課題であるとは言い難い。(1)の答えが間違っていた場合，児童は正しくない文を書くことになるため，問題そのものが不適切であると思われる。

ミニテスト(第6時)

(1) カードを並べかえて文を作ります。次の日本語を表す正しい英語をア～ウの中から一つ選びましょう。

● 彼女は料理をすることが得意です。

ア good at She is cooking .

イ She is good at cooking .

ウ good cooking She is at .

(2) 1で作った文章を4線の上に書き写しましょう。

カード(第7時)

My hero

● 尊敬する人の名前を書こう。

● He と She のどちらかを選んでなぞり、その人が得意なことを書こう。

He

She

紹介する人の絵や写真

監修

直山木綿子

文部科学省初等中等教育局視学官・国立教育政策研究所教育課程研究センター研究開発部教育課程調査官・学力調査官

英語科教諭として京都市の中学校に勤務した後，1998年度より京都市立永松記念教育センター（現京都市総合教育センター）に勤務し，小学校英語，外国語活動のカリキュラム，教材等を開発。2009年４月に文部科学省初等中等教育局教科調査官，国立教育政策研究所教育課程研究センター教育課程調査官に就任。2019年４月，文部科学省初等中等教育局視学官に就任。

執筆者・協力者一覧

―― 巻頭対談 ――

松川禮子

岐阜女子大学学長

長野県出身。東京大学大学院教育学研究科博士課程中退。岐阜大学で約33年教鞭を取った後，2007年から約10年間，岐阜県教育委員会教育長を務める。2018年に岐阜女子大学学長に就任した。中央教育審議会初等中等教育分科会教育課程部会外国語分科会委員，学習指導要領及び解説作成協力委員，言語能力の向上に関する特別チーム委員，研究開発校運営指導委員などを歴任。著書に『小学校に英語がやってきた！』（アプリコット出版，1997年），『明日の小学校英語教育を拓く』（アプリコット出版，2004年），『小学校英語活動を創る』（高陵社書店，2003年），『英語と中学校英語を結ぶ』大下邦幸共著（高陵社書店，2007年）などがある。岐阜大学名誉教授。

―― 第２～３章 ――（50音順）

加藤真由美　宮城県仙台市立荒井小学校教諭
後藤恵子　宮城県仙台市立富沢小学校教諭
坂田美佳　徳島県鳴門市板東小学校教諭
佐藤智則　前宮城県仙台市立富沢小学校校長
佐藤美智子　鳴門教育大学准教授
福田優子　大分県佐伯市立上堅田小学校校長

※ 2019年度協力者
土田赳之　北京日本人学校教諭
藤本美夏　徳島県鳴門市撫養小学校教諭

カバーデザイン　山口真理子
本文デザイン　Isshiki（デジカル）
漫画（第１章）　八木橋麗代
編集協力　WIT HOUSE

小学校外国語教育の指導と評価

2021年12月　第２刷発行

監　修　直山木綿子
発行者　水谷泰三
発行所　株式会社**文溪堂**
東京本社／東京都文京区大塚 3-16-12　〒112-8635　TEL(03)5976-1311（代表）
岐阜本社／岐阜県羽島市江吉良町江中 7-1　〒501-6297　TEL(058)398-1111(代表)
大阪支社／大阪府東大阪市今米 2-7-24　〒578-0903　TEL(072)966-2111(代表)
ホームページ　https://www.bunkei.co.jp/
印刷・製本　株式会社太洋社

ISBN978-4-7999-0398-8　NDC375/160p/210×297mm